最小の労力で成果を最大化させる

「AI時代の即決営業」

1分で売る

ONE MINUTE SELL

"Prompt decision business in the AI era" to maximize achievement with minimum effort

堀口龍介

Ryusuke Horiguchi

冬至書房

はじめに

AI時代こそ「人間の売る力」が求められる

ここ数年で「AI（人工知能）の導入によって仕事の半分が失われる」といった話を耳にすることが増えました。

また、7年前の2011年8月の「ニューヨークタイムズ」紙のインタビューで、デューク大学の研究者キャシー・デビッドソン氏が語った「2011年度にアメリカの小学校に入学した子供たちの65%は、大学卒業時に今は存在していない職業に就くだろう」という予測が真実味を帯びてきているのも事実です。

しかし、**「仕事そのものが消滅するわけではない」**というのが私の意見です。

現実には、できる人にだけ仕事が集中し、何をやっても結果を出す人とそうでない人の二極化が、今後ますます進んでいくことが予測されます。

では、どうすれば結果を出す側の人になれるのか。

それこそが、本書のタイトルでもある**『1分で売る』能力を手に入れる**ことであり、「即決営業こそが、時代に左右されることのない最強のビジネススキルである」と考えています。そう、**どんな業種、業態であろうとも、人生を思い通りに切り拓《ひら》くには「売る力」が必要**なのです。

つまり、「売る力」さえあれば、どこでも活躍できる人材になれるというわけです。

本書は、誰もが「即決営業」で結果を出せるようになる技術やフレーズをわかりやすく紹介しています。きっと今のあなたのお役に立てると思いますので、このまま読み進めてみてください。

「売れる人」と「売れない人」の違いとは

私は29歳のときに、訪問販売会社を立ち上げ、設立してから5年間、営業職の全商談を録音しました。商品説明から料金説明、クロージングまで、すべての録音を聞いてみてわかったことがあります。

それは、売れる人が必ずしていること。逆に、売れない人がしていないことです。

そう、結果が出ない人には、売れない原因が明確にあったわけです。

それが**「訴求《そきゅう》」**です。「訴求」とは、お客様にしてほしい行動を伝えること。

例えば、あなたもこんな文を見たことはないでしょうか。

「こちらをクリックしてください」「こちらにお電話ください」……など。

こういった、相手にしてほしい行動が書いてある文を「訴求ポイント」と言います。「訴求ポイント」が抜けている広告は、その反応が大きく落ちます。どんなに良い文章が書かれた広告でも、「訴求ポイント」が抜けていると、相手はどうしていいかわかりません。だから、反応が下がるのです。当たり前のことです。

営業も同じです。売れる人は、必ず**「契約してください」「ご決断ください」**といった訴求フレーズをうまく使っていたのです。**どんなに上手なプレゼンテーションをしても、最後に訴求がなければ、お客様の反応は下がり、成約率が落ちるのです。**

一方、結果が出ない人は、訴求ではなく、一番言ってはいけないセリフを使っていました。それが「ご検討ください」です。このセリフを使った途端に、あなたの商談の成約率は大幅に落ちます。「ご検討ください」と言ったら、お客様は「検討します」「考えます」

と答えるに決まっているからです。

契約を取る場合の訴求は「この機会にご決断ください」「この機会にどうかスタートしてください」が正解となります。

最近では、売らないセールス法という営業手法が世の中に出回っていますが、はっきりと言います。**訴求ができない人は、絶対に売れません。**

お客様の「考えます」を科学的に攻略する

また、売れる人の傾向として**「即決」**というキーワードが挙げられます。

お客様の「考えます」には、二種類あります。

ひとつは、ただの断り文句である「考えます」。この場合は、お客様にはっきりと「契約はしません」と断ってもらえれば、無駄な期待をしなくて済みます。もう一度電話をしたり訪問したりする無駄が省けますので、新しいお客様に時間と労力を使うことができます。そして、もうひとつは、迷っているだけの場合。もしお客様が迷っているのであれば、私たちが力強く背中を押してあげることができます（そのための方法は、特に第4章で詳しく述べていきます）。

つまり、どちらの場合でも、**その場で「契約するか、契約しないか」の決断を促せるはずです。それが、結果を出す人が実践している「即決営業」の考え方です。**

即決営業では、お客様の「考えます」を許容せずに、お客様に必ず「契約するか、契約しないか」の答えを出してもらいます。もちろん、契約をするかどうかを決めるのはお客様です。ですが、私たちはお客様が答えを保留することを決して許してはいけません。

あなたも簡単に「即決営業」ができるようになる

ただ、もしかしたら「気弱な性格で人見知りだから、そんな強気になれない」「相手の感情が気になったり、断られるのが怖いから、自分にはできない」とあなたは思っているかもしれません。

でも、大丈夫です。

どんなに営業が苦手という人でも、確実に結果を出せるようになるのが**「即決営業の技**

術」です。本書に書かれていることを順に実践していくだけで、驚くほどみるみる売れるようになり、トップセールスになることも、どこでも活躍できる人材となって、自分の人生を思い通りに切り拓くこともできます。

実際に私が本書に書かれている内容を教えて、目標達成していった方々が続出していますので、その一部をご紹介します。

「週に1契約だったのが、即決営業の研修後は、**週に4、5本の契約が取れる**ように。新卒2年目で単独で営業に出るタイミングでしたが、教わったフレーズをそのまま使うと不思議と契約が決まるため、本当に感謝しています。堀口さんの教えは、**お客様と一緒に問題解決に向かってスタートしよう**という、私の目指すべき正統派の営業でした。そのためには、ときに**嫌われる勇気**が大事だという心構えも学ぶことができました。これまでなら諦めていたお客様からも、契約をいただけるようになったことは大きな変化です。今は会社でトップ営業になりたいと思っています」

（20代　女性　美容機器営業）

「人見知りな性格でお客様とのコミュニケーションもままならず、会社を辞めようか悩んでいたときに堀口さんのことを知り、すぐに連絡しました。そこから即決営業の技術を教えてもらうと、自分でも驚くほど成約率が上がり、**念願の営業トップになる**ことができました。そのおかげで昔からやりたかった業界に転職できて、**やる気に満ち溢れた幸せな生活**を手に入れることができました。ありがとうございます」

（30代　男性　プロモーションマーケティング部　部長）

「堀口さんの研修を受けた営業が、みな自信に満ちています。アポはあっても成約に至らず、まったく契約を取れていなかった社員も、**平均1日1件以上の契約**を上げています。**戦々恐々としていた会社の雰囲気も好転し、離職率も下がりました。**別支店のトップセールスに追いつくほどの勢いで、非常にすばらしい成果に驚いています。これまで受けたどんな研修よりも効果がありました」

（50代　男性　取締役　執行役員）

これは、ほんの一部です。これであなたも「1分で売る」能力を手に入れて、自己実現をしていくことがイメージできてきたのではないでしょうか。

あらゆるフレーズを「1分以内」に

本書は、**『1分で売る』**というタイトルが付いています。

これは、なにも「お客様との商談を1分でしろ」という意味ではありません。

「あなたがお客様にお話しするフレーズは、すべて1分以内にしてください」という意味です。例えば、自己紹介は1分以内にする、お客様とのつかみを1分以内でする、商品の説明を1分以内でする、料金説明を1分以内でする、お客様への反論も1分以内でするなど、あらゆるトークを1分以内にするのです。

その理由は単純です。

お客様は、長い話を嫌うからです。乾杯のときに長々と話をする上司や、小学校のときに朝礼で長話をする校長先生に「早く終わってよ」と思ったことは、誰にでもあるはずです。あなたのお客様も同じです。3分も5分もダラダラと話をしていると、お客様は嫌な気持ちになってくるのです。お客様が嫌な気持ちになれば、あなたの商談がうまくいくはずがありません。

1分以内の短いフレーズでポイントをしっかりと伝える。その上で、本書で紹介する「即決営業の技術」を利用すれば、あなたの成約率は確実に上がります。

本書では、お客様にどのように訴求していくかの技術を中心に、お客様の心をつかむアプローチの技術、お客様を納得させるプレゼンテーションの技術、お客様を決断させるクロージングの技術を紹介していきます。

これらの技術は、**効果が実証済みなので、あなたの成約率を大幅に上げてくれる強力な武器になる**はずです。あなたの人生を大きく変える「即決営業の技術」をぜひ、今日から取り入れてみてください。

1分で売る　目次

第2章 1分で心をつかむ「アプローチ」

第3章　1分で納得させる「プレゼンテーション」

第4章

1分で決断させる「クロージング」

第1章

1分で売る「即決営業」の基本

技術 01

最優先事項設定

迷わずに「売る」ための心構え

「売ること」で「お客様のために」なれる

まずはじめにしなければいけないのが「最優先事項設定」です。

私たち営業マンの役割は、売ることです。ですので、**あなたが営業マンであれば、売ることを最優先事項に設定してください**。

もし、売ることを最優先事項に設定できていないと、営業マンとしての行動にブレが生じます。

すべての物事の土台は、心構えです。「絶対に売るぞ！」という心構えを持っていない営業マンは、その場の状況、お客様の態度によって、行動がブレてしまいます。

ですので、どんな状況下においても、売ることを最優先事項に設定してください。雨が降ろうが槍《やり》が降ろうが、売ることが最優先事項です。

「お客様のため」の前に、「売ること」を置く。**「売ること」で「お客様のために」なる**わけです。これは、本当に大事なポイントです。なぜなら、この最優先事項ができていないと、お客様を強く押せないからです。

一流営業マンは「どんな商品でも売る」

強く売り込みができない営業マンは、絶対に売れません。「はじめに」でも述べたように、訴求をしない営業マンは、全体の8割を占める、売れない営業マンになってしまいます。

確かに、「売り込みをかけなくても売れる」と言う人はいるでしょう。「私の商品は売り込まなくても、お客様が喜んで買ってくれます」と言う人もいます。

では、なぜお客様は売り込みをしなくても、買ってくれるのでしょう？　なぜ、クロージングをしなくても、買ってくれるのでしょう？

クロージングをしなくても売れるということは、セールス力がなくても売れるということ。例えば、ブランド力や商品力が強い商品は、セールス力がなくても誰でも売れます。

では、あなたに質問します。

あなたは、何でも売れますか？

保険、不動産、浄水器、学習教材、ミシン、布団、顧客管理ソフト、ＯＡ機器、オフィス器具、太陽光パネル……。あなたは、どんなものでも売れるでしょうか？

本当にセールス力がある人ならば、何でも売ります。もし「私は、自分が気に入った商品しか売りたくない」と言うのであれば、あなたは商品が変われば売れなくなるということです。自分の好きな商品しか売れない営業マンは、三流営業マンです。「弘法《こうぼう》筆を選ばず」と言うように、一流の書道家は筆を選びません。

営業マンも同じです。**一流営業マンは、商品を選びません。どんな商品でも売れるから、一流なのです。**

あなたも営業マンであるならば、売ることに迷わないでください。どんな状況下においても、「売ること」を最優先事項に設定してください。

売ることが、結局、お客様のためになるのです。

技術
02

絶対的価値観

お客様に強い訴求をするためのメンタル術

「無料説明」は答えをもらうための最強ツール

これは、即決は当たり前という価値観を持ってもらうための技術です。しかも、**絶対的な価値観で「即決は正しい」と思ってもらう**ためのものです。

そもそも価値観とは何でしょうか。

価値観とは、その人の考え方の根本になるものです。「何が正しくて、何が間違いなのか」「何が好きで、何が嫌いなのか」という、その人の判断基準です。

人の価値観はそれぞれ違います。**私たち営業マンの価値観は「売ること」**。この「売ること」に対して、正しいことだと思う人もいれば、悪いことだと思う人もいます。中には、自分が営業マンであるにもかかわらず、売ることに対して罪悪感や抵抗感を持っている人もいます。

営業マンが売ることに罪悪感や抵抗感といった価値観を持ってしまうと、その営業マンは売れなくなります。

なぜなら、**人は誰でも「自分は正しい」と思っていないことを強く言えない**からです。売ることが正しいと思っていない営業マンは、お客様のことを強く押せません。「スタートしないと何も始まりません。どうかこの機会にご決断ください」という強い訴求ができないわけです。

逆に、お客様はどうでしょうか。

お客様は「考えます」というセリフに、罪悪感は一切持っていません。「考えます＝当たり前」「考えます＝正しいこと」など、「考えます」に１００％の価値観を持っているわけです。

このようなお客様の「考えます」１００％の価値観に対して、私たち営業マンの即決の価値観が80％だったり、90％だったりしたら、お客様の１００％の価値観に負けてしまいます。**お客様の「考えます」１００％の価値観に負けないために、即決１００％の絶対的な価値観を持って挑んでほしい**わけです。

そもそも私たち営業マンの仕事には、無料説明も含まれています。「ダイエットしたい」「英語を覚えたい」といった何かしらの悩みがあるお客様に対して、その悩みの解決策を無料で提示することも仕事です。

なぜ見ず知らずの人の悩みを解決するために、わざわざ交通費を自腹で払ってまで会いに行くのでしょうか？　しかも無料で。

それは、「契約してもらいたい」と思っているからですよね。こんな当たり前のことは、お客様も話を聞く前からわかっているはずです。**無料説明の前提は、「話を聞いて、もし良かったら契約してください。その代わり、無料で説明します」ということ**なのです。

「考えます」は通さず「自分の要求」を通す

もちろん話を聞いて、その商品が気に入らなければ、断ってもらってかまいません。当然ながら、気に入らないものを買う必要はないのです。ただ、私たち営業マンも時間を使って、お金も使って、お客様に話をしているわけですから、**話を聞いたからにはお客様も答えは出すべき**だと断言します。

話を聞いて、気に入ったら契約してください。気に入らなかったら断ってください。ただし、「考えます」は答えではありません。無料説明の前提は判断してもらうことですので、**必ずお客様に答えを迫ってください**。

買うか買わないかは、お客様が選択できることです。しかし、あなたが営業マンならば、「売ることは正しい」と思わないといけません。売ることが正しいと思えないのであれば、あなたは営業マン失格です。

「私は法人営業なので、そもそも即決なんて取れないんです」と言う人もいるかもしれません。確かに、法人営業の中には、即決契約が取りにくい業種もあります。

ただ、どのような業種の営業マンであっても、要求があるはずです。相手に呑《の》んでもらいたい要求です。

なぜ、あなたはお客様に会いに行くのでしょうか？

「自社の商品をショールームに見に来てください」「見積書を持っていかせてください」など、何かしらの要求があるからこそ、あなたはお客様に会いに行くわけです。

その**要求を通すことが、商談のゴール**です。

法人営業の場合は、お客様に小さな要求を通しながら、そして小さな約束をもらいなががら、最終的に契約に持ち込みます。1つひとつの要求を通せなければ、契約に持ち込むことはできないのです。

ですから、法人営業の営業マンにおいても、あなたの要求をしっかりと決めてから、お客様に会いに行くようにしてください。そして、会いに行ったからには、その要求を通してください。そこをしっかりと即決で通すことです。

そもそも**営業とは交渉**です。私たち営業マンの要求が通るのか、お客様の「考えます」が通るのか、なのです。

私は、このことをよくサッカーで例えます。サッカーですることは、2つだけ。ボールを相手のゴールに入れること、そしてボールを自分のゴールに入れさせないこと。サッカーの基本は、ただそれだけです。

あなたが営業マンである以上、お客様の「考えます」を通さないでください。どれだけ理屈が通っていても、どれだけ強かったとしても、その「考えます」を通してはダメなのです。

いかなる状況下においても、即決100%の絶対的価値観を持つ——。

最後は、信念の強いほうが勝つのです。

技術

03

チャンネル設定

あなたの役割を明確にする方法

優先順位を自己認識できる環境を作る

まず質問させてください。

あなたは何者ですか？

なぜ、このような質問をしたかと言うと、**あなたが何者かによって、あなたの役割が決まる**からです。

もしあなたが医師だったとしたら、注射を嫌がる子供にも注射を打たなければいけません。たとえ子供が泣こうが喚《わめ》こうが、注射を打たなければいけないのです。なぜなら、それが医師の役割だからです。

もし子供が注射を嫌がるからと言って、注射を打たなければ、あなたは医師失格です。医師の役割を放棄したからです。その結果、子供が重症になってしまう可能性もあるのです。

営業マンにも同じことが言えます。もしあなたが営業マンであるならば、あなたの役割は「売ること」です。ですから、**売ることに焦点を合わせてください**。これを**「チャンネル設定」**と言います。

このチャンネル設定がしっかりとできていない営業マンは、売ることに迷ってしまいます。すると、営業マンの役割を果たすことができません。他の正義に引きずられてしまうからです。

世の中には、いろいろな正義があります。今まで育った環境や親から受けてきた教育が、その人の正義を作っています。例えば、「動物の肉を食べてはいけない」として、ベジタリアンになる人もいます。逆に、肉だけしか食べない肉食主義の人もいます。「競争こそが人を強くする、社会を強くする」と言う人もいますし、逆に「競争は間違いだ」と言う人もいます。

つまり、世の中にはいろいろな正義があるわけです。テレビ番組でたとえると、ベジタリアンチャンネル、肉食チャンネル、資本主義チャンネル、共産主義チャンネル、スピリチュアルチャンネルなど、さまざまなチャンネルがあるわけです。

私たち営業マンの役割は「売ること」。この「売ること」を悪いことと捉えていると、あなたの役割以外の価値観、そして正義感に引きずられてしまい、あなたの正義を保てなくなります。あなたがあなたではなくなるのです。

あなたが何を最優先にすべきか、しっかりと見えているでしょうか。

もしあなたが売ることに対して少しでも罪悪感を感じているとしたら、あなたはお客様の立場を選択していることになります。営業マンでありながら、お客様のポジショニング、すなわちお客様目線ということになります。

もちろん、お客様目線を理解することは、すごく大切なことです。ただ、**あなたが営業マンである以上、あなたの役割は売ること**なのです。

あなたの正義はあなたの立場で決まる

すべての人に共通する正義はありません。正義の反対は、悪ではなく、別の正義です。
ハーバード大学の哲学科マイケル・サンデル教授が、正義について次のように言っています。

「正義とは、立場によって決まるものだ」

まずは、あなたの立場を決めてください。立場が決まれば、何をすべきかというあなたの役割がはっきりと決まるはずです。そして、その役割にチャンネル設定することが、迷わない強い自分を作る基になるのです。

あなたのポジション、あなたの立場――。これは、あなた自身で選択できることです。まるでテレビのチャンネルを切り替えるかのように、どのような考え方で、どのように生きていくかは、あなた自身で選べるのです。

最後にもう一度質問します。

あなたは何者ですか？

営業マンですか？　それとも、お客様ですか？

技術

04

自己責任意識

売上を上げるためのマインドセット

理不尽とは「己の未熟さ」の表れ

あなたは、責任感を持っていますか？　責任感を持って生きていますか？

責任感の強い人は、基本的に、与えられた仕事を自分事と思っています。「私がやらなきゃダメだ」「これは私の役割だ」など、自己責任意識を持って生きています。こういう人は、基本的に成果が出やすい人です。

逆に、責任感の弱い人は、自分以外の誰かを常にアテにして生きています。「私がやらなくても、他の誰かがやってくれる」「会社の売上が悪いのは、私のせいじゃない」など、自己責任意識を持っていません。そういう人は、なかなか仕事の成果が上がりません。

責任感の弱い人は、仕事で成果が出せないだけでなく、自己責任意識と反対の意識を持っています。これが、かなりたちが悪いのです。

この**自己責任意識の反対側にある意識**は、いったい何でしょうか。

それは、**被害者意識**です。被害者意識を持っている人は、自分の売上が上がらないことや自分の失敗を他の人のせいにするのです。

「私は悪くない」「私が悪いのではなく、会社が悪いんだ」「ちゃんと指導してくれなかった上司が悪いんだ」「マーケットが悪い」「リストが悪い」「客が悪い」……。

すべて間違っています。

はっきり言いますが、あなたが悪いのです。

もしあなたが営業マンであるならば、**被害者意識を持っていると、絶対に売上は上がらない**、と断言できます。

私は営業会社を経営して13年になります。

企業研修や即決営業のセミナーなどでも、いろいろな営業マンを見てきました。

その中で、自信を持って言えるのは、**売上が上がらないほとんどの営業マンは、その人が悪い**のです。その人が未熟なのです。

未熟な人は、仕事ができないばかりか、すぐに被害者意識を持ちます。理不尽とは、己の未熟さから来るものなのです。

すべての仕事を「自己責任」思考で考えてみる

もしあなたのまわりに、腹の立つ人がいるとします。許せない人がいるかもしれません。それは、お父さん、お母さん、兄弟や従兄弟《いとこ》の場合もあるでしょう。もしくは、自分のことをわかってくれない友人かもしれません。自分を認めてくれない上司に対して、腹を立てている人もいるでしょう。

自分以外の他の人や他のものに腹が立つということ自体が、その人が未熟な証拠なのです。自分のことを認めてくれない社会や会社に腹が立つかもしれません。自分のことをバカにする同僚に腹が立つ場合もあるかもしれません。

でも、ちょっと考えてみてください。

それは誰が悪いのですか？

「あいつは仕事ができないやつだ」と会社でバカにされている人がいたとします。バカにしている人たちが悪いのでしょうか。それとも、バカにされている人が悪いのでしょうか。

確かに、人をバカにする行為は良くないことです。でも、すべては自己責任なのです。

もし私たちがその業界で一番成果を出せる人、その会社で一番成績の良い人ならば、他の人にバカにされたりはしません。**他の誰かに腹が立つのは、他の誰かをアテにしているから**なのです。

あなたがしっかりと売上を上げる営業マンになるためには、すべては自己責任だと捉えてください。責任感の強い営業マンになってください。

被害者意識を持つと、売上は上がらなくなります。

技術
05

成金の法則

諦めずにやり続けるための考え方

「死ぬこと以外かすり傷」の精神で実践する

「成金」という言葉に悪いイメージを持っている人もいると思います。

しかし、この**「成金」という言葉は、とても健全な言葉**です。

逆に、成功していないのに、お金だけを欲しがる人がいますが、このほうが不健全ではないでしょうか。

成功したからお金が入る――。「成金」とは、すごく理にかなった言葉です。みなさんも、この順番を間違わないでください。そして、なぜ「成金」が健全な言葉なのか、詳しく説明していきたいと思います。

私が13年間経営している営業会社には、「たくさんお金を稼ぎたい」と言う人が入社してきます。ただ、営業という仕事は、精神的にもきつい仕事ですので、途中で諦めて辞めてしまう人もたくさんいます。

なぜ、この人たちは営業職が長続きせず、途中で辞めてしまうのでしょうか。

それは、**拒絶されることに慣れていないから**です。

営業という仕事は、相手から拒絶され続ける仕事です。テレアポや飛び込み訪問をしたとしても、ほとんどの場合、無下《むげ》に断られてしまいます。

「人から嫌われたくない」「人から悪く思われたくない」という気持ちはよくわかります。

でも、心が傷つくことを恐れていたら、自分を守ろうとばかりしていたら、商品は売れません。**傷つくことを恐れず、前に踏み込んで、断られることに慣れていかないと、営業の仕事は務まらない**のです。

私は、人から拒絶され続けるこの痛みのことを**「拒絶の壁」**と呼んでいます。

営業の世界で成功している人の中で、この「拒絶の壁」を越えられなかった人はひとりもいません。ですから、営業の世界で成功したいのであれば、断られることに慣れてください。

これは、なにも営業職だけに限った話ではありません。どんな仕事であっても、乗り越えないといけない壁はあると思います。

でも、自分に甘い人は、その壁を乗り越えようとしないものです。「売れないのは、私のせいではない」「会社が悪い」「上司が悪い」「商材が悪い」「マーケットが荒れている」といった具合に、成果が出せないことを「商材のせい」や「会社のせい」、「環境のせい」にします。要するに、**自分に甘い人は、成果が出せないことを他者の責任にする**のです。

そういう人たちは、「他にもっと売りやすい商品があるんじゃないか?」「他にもっと自分に合ったマーケットがあるんじゃないか?」などと、よそ見をしてしまいます。

私が子供のころ、保育士さんから「ほたるこい」という歌を習いました。

ほ　ほ　ほたるこい
あっちのみずは　にがいぞ
こっちのみずは　あまいぞ

こんな歌です。この歌詞のように、「もしかしたら浄水器の訪問販売のほうがラクなんじゃないの？」「ネットワークビジネスのほうがラクに儲けられるんじゃないの？」「こっちの仕事はつらそうだ。あっちの仕事がラクそうだ」と、半年や1年で次々と転職していく人がいるのです。

これでは、なかなか成功できません。売れない営業マンは、どこに行っても売れないままです。

例えば、あなたの会社にも、売れない営業マンがいないでしょうか。仕事ができない人がいると思います。では、その人が他の会社に転職したら、成功すると思いますか？

おそらく成功しないのではないでしょうか。

逆に、あなたの会社で一番成果を上げている人だったら、どうでしょうか？　一番売れる営業マンならば、その人が他の会社に転職したら、どうなると思いますか？

おそらく、その人は成功するのではないでしょうか。結局のところ、**売れる人はどこに行っても売れるし、売れない人はどこに行っても売れない**わけです。

その場所で成功できなかった人が、他の会社に転職したら売れるようになるくらいなら、何も苦労はありません。

売る力は一度身につけたら一生消えることがない

私は、このことをよく将棋に例えます。みなさんご存じの通り、将棋とは、いろいろな駒を戦わせて、王将という駒を取り合うゲームです。このゲームの中で、一番弱い駒が「歩」です。「歩」という駒は、前に1マスしか進むことができない最弱の駒です。

ところが、この「歩」もあることをすれば、強い駒に変わることができます。1歩ずつ前進して相手の陣地に侵入すると、その駒は裏返しになります。敵陣に侵入できた駒だけが、裏返って強くなれるのです。

駒が裏返って強くなることを「成り」と言います。

そして、成った「歩」のことを**「成金」**と言います。

「歩」は「成金」になると、いきなり能力が上がります。今まで前に1マスしか動くことができなかったのに、「成金」になった途端に、横にも斜めにも動ける強い駒になるのです。そして、「成金」になった駒は、死ぬまで「成金」のままです。成った駒は、一生強いままなのです。

営業マンも同じです。**その場で売上を立てて、売れる営業マンになれたのなら、死ぬまでずっと売れる営業マンのまま**なのです。

セールス力というものは、一度身につけたら、一生消えることはありません。

ですから、よそ見をしないでください。売れるようになるまで、その場所で頑張ってください。**今いる場所で、売ることを体得する**のです。

私は今まで多くの営業マンを見てきました。「拒絶の壁」を乗り越えられずに、途中で辞めていった営業マンもたくさんいました。その人たちが売れなかった原因は、商品が悪かったわけではなく、マーケットが悪かったわけでもありません。

その人自身の売る力が弱かっただけです。ちゃんとしたセールス力を身につけることができずに、途中で辞めていっただけなのです。

確かに、営業はつらい仕事です。でも諦めると、そこで試合終了です。**壁を乗り越えられなかった成功者など、ひとりもいません。**

今いる場所で成功すること、その場所で「成金」になることができたならば、あなたはどこに行っても「成金」のままなのです。

技術
06

AREA話法

自分の主張を相手に伝える話し方

言いたいことは1分以内で話す癖をつける

私は即決営業の営業研修もしているのですが、そのときにいつも話をする基本的な話法があります。

それは、「AREA話法」というものです。

A……主張（Assertion）
R……理由（Reason）
E……具体例（Example）もしくは根拠（Evidence）
A……主張（Assertion）

何かしらの主張を相手に伝えるときは、まず「主張」を述べてから「理由」を言います。そして、「具体例・根拠」で説得力を持たせ、最後にもう一度「主張」をする。それが「AREA話法」です。

例えば、次のように「AREA話法」を使います。

「弊社の家庭教師は成果が高いです（A）。なぜなら、1対1の完全個別指導だからです（R）。1人ひとりの生徒に合わせた指導ができます（E）。だから、弊社の家庭教師は成果が高いのです（A）」

つまり、「AREA話法」で1分以内に言えるように、事前に準備をしておくわけです。私が研修でいつも練習してもらっているのが、「AREA話法」を使って、身近な人をほめることです。例えば、次のようになります。

「○○さんは良い人です（A）。なぜなら、新入社員にすごく優しいからです（R）。私が新入社員のときも、とても親切に営業の基本を教えてくれました（E）。だから、○○さんは良い人です（A）」

みなさんも、身近な人で練習してみてください。

もし1分以内で言えない場合は、Eの具体例・根拠を省略して、「ARA」でもかまいません。具体例・根拠を省略してでも、1分以内で言うことを優先してください。

「AREA話法」を使って1分以内で話すことは、営業だけでなく、いろいろな場面で使えます。

例えば、会議の場であなたが何かを主張したいときも、この「AREA話法」は有効です。あなたの主張がダラダラと1分以上かかったとしたら、上司や同僚は別のことを考えたり、自分の考えをまとめたりなど、あなたの話を集中して聞かなくなります。

ですから、言いたいことは1分以内で話す。それが、基本的な話し方です。

AREA話法シート

（記入例）

A	Assertion 主張	弊社の家庭教師は成果が高い
R	Reason 理由	1対1の完全個別指導だから
E	Example 具体例 Evidence 根拠	1人ひとりの生徒に合わせた指導ができる
A	Assertion 主張	弊社の家庭教師は成果が高い

あなたの商品に当てはめて、記入してください。

A	Assertion 主張	
R	Reason 理由	
E	Example 具体例 Evidence 根拠	
A	Assertion 主張	

効果的なセリフをあらかじめ作っておく

「AREA話法」に限らず、**常に1分以内で話せるように、あらかじめ具体的なセリフを作って準備しておく**必要があります。

例えば、お客様から「1日考えさせてください」「旦那に聞かないとわからない」と言われたとき、あなたはどのように切り返すでしょうか。

具体的なセリフを事前に用意しておかないと、結局、お客様の「考えます」を許してしまうことになります。それでは、取れる契約もみすみす逃してしまうことになります。

私はいろいろな会社で営業研修を行っていますが、会社として具体的なセリフを決めているところは、ほとんどないのが実情です。

どのように営業をしているのかを尋ねると、ほぼすべての営業マンが「先輩営業マンに教えてもらって……」と答えます。「こういうときは、こう言うんだよ」ということを、先輩に教えてもらっているようなのですが、「人によって言うことが違う」ことも多々あるようです。

要するに、会社としての具体的なセリフがないのです。

もし『ロミオとジュリエット』の演劇で、3人のロミオが違うセリフを言っていたら、新たにロミオ役をする人は、どのセリフを言えばいいのか、わからなくなると思います。

ですから、**会社として一番効果的なセリフを1分以内で言う**ことが、とても大事になってくるのです。

成約が取れる「具体的なセリフ」が会社として決まっていれば、再現性が期待できます。同じセリフを言えば、成約が取れる可能性が高くなるのです。また、新人研修などの教育もしやすくなりますし、新人営業マンも困ることはありません。

個人の場合も同じです。

具体的なセリフを持っていない営業マンは、お客様の「考えます」に対して、その場で反論を考えなければいけません。すぐに反論のセリフを思いつけばまだマシですが、何も言えなければ、「わかりました。では、後日ご連絡いたします」と引き下がる結果になってしまいます。

ただ、その場で反論を考える場合でも、その日の体調や状況、お客様のキャラクターや強さなどによって、あなたの反論は大きく左右されてしまいます。心のバランスが不安定になり、言いたいことがブレてしまうのです。

ですから、事前に言いたいセリフをしっかりと決めておくこと。**お客様の「考えます」に対する反論を事前にいくつも用意しておくこと**が大切です。基本となる反論を何個か用意しておけば、お客様の状況に合わせて、組み合わせて使うこともできます。それができるだけでも、あなたの成約率は上がります。

第 2 章

1分で心をつかむ「アプローチ」

技術
07

ターゲット3%

アプローチ作業でめげない考え方

過度な期待はせず淡々とこなす意識を持つ

「ターゲット3%」とは、**見込み客は世の中の3%しかいない**、という考え方です。

この原理原則をわかっていないと、営業活動に対してめげてしまいます。

まず営業という仕事は、アプローチ、プレゼンテーション、クロージングの3つの作業に分けることができます。そして、**最初のアプローチが一番つらい作業**なのです。アプローチは、「見込み客探し」とも言い換えることができます。

例えば、OA機器や医療機器といった対法人のBtoB営業の場合では、「飛び込み訪問」が今でも多く行われています。「うちのパンフレットをお受け取りください」「1回お話を聞いてください」という形で、1軒1軒会社を回っていきます。

これを毎日毎日行います。毎日、何軒も何十軒も何百軒も飛び込み続けるわけです。これが「飛び込み訪問」です。

その他にも、個人客対象のＢｔｏＣ営業の場合でも、マンションや一軒家に1軒1軒インターホンを押し続けて「飛び込み訪問」をし続けます。

こういった「飛び込み訪問」の他には、例えばテレアポもあります。私の会社でも行っていますが、1日中ずっと、何十軒も何百軒も電話をかけて、「案内状を送らせてくださ い」「無料体験会に来てください」などといった形で、お客様にアプローチしていきます。

見込み客を探し続ける作業が、アプローチ作業なのです。

このアプローチ作業をする上で、前提としてひとつ理解しておくことがあります。

それは、**アプローチしたお客様全員が見込み客になることはありえない**、ということです。当たり前のことですが、例えば100軒の家のインターホンを押して、100人全員が見込み客として上がってくる、ということはありえないわけです。

まずは、その原則を理解してください。

ほとんどの人は、断ってきます。「うちは結構です」「うちは間に合っています」など、かなり邪険に嫌がられてあしらわれるのが普通です。

業種にもよるかと思いますが、例えば私の会社で言うと、テレアポで100人に電話をかけて見込み客として上がってくる人は、3人ほど。つまり、3%ということです。

この3%はお客様ではありません。お客様として契約になる確率ではなく、見込み客として上がってくる確率が3%なのです。

チラシ営業やポスティング営業の場合だと、「千三つ」ということがよく言われています。1000件のチラシを撒《ま》いて、3件の問い合わせがあればOKという意味です。この0・3%という確率でも、かなり良いほうと言われています。

私の知り合いに「水道まわりの110番」という訪問販売をしている人がいるのですが、この会社だと1万枚のチラシを撒いて、3件の問い合わせがあれば良いほうだと言っていました。なんと0・03%です。それでも、良いほうだと言って、チラシ営業、ポスティング営業をしています。

要するに、アプローチの成功率は、かなり低いのが当たり前です。はっきりとした数字があるわけではないですが、生命保険の飛び込み営業の場合は100件に1件以下、つまり1%以下だと言われています。それほど営業の世界では、アプローチの成功率は低いものなのです。この当たり前のことを理解していないと、営業マンとしてずっと続けることができません。つまり、営業職を辞めてしまう結果につながるのです。

1回1回のアプローチに対していちいち傷ついていると、私たち営業マンの心は持ちません。ですから、**1回1回のアプローチに過度な期待をしない**でください。

最初から**「100回チャレンジすれば、3回成功したら良いほうだ」という前提を持った上で、アプローチ作業をする**ようにしてください。

この前提を持っていないと、**心が折れてしまう**のです。心が折れると、前に進めなくなります。

アプローチの成功率は新人もトップセールスも同じ

営業のアプローチ作業とよく似ている仕事があります。

それは、ダイヤモンドの採掘場の仕事です。ダイヤモンドを探す仕事です。

レオナルド・ディカプリオ主演の『ブラッド・ダイヤモンド』という映画で、ダイヤモンドの採掘場のシーンが出てきます。アフリカの現地人が、ダイヤモンドの採掘場である池の中で、ザルで土をすくってダイヤモンドを探しています。1日中、ずっと同じ作業を繰り返しています。ザルで土をすくってダイヤモンドがないかを確かめる。なければ、またザルで土をすくって、ダイヤモンドがないかを確かめる。ずっと同じことを繰り返しているわけです。

もし採掘場の人たちが1回1回の作業に対して、過度な期待をしていたらどうでしょうか。かなりしんどいのではないでしょうか。

「よーし、次こそはダイヤモンドを！」「あれ、ない……」「よーし、もう1回！　今度こそは！」「ない……」……。これだと、かなりの精神パワーが必要ですよね。

毎回ダイヤモンドが入っているわけがないですから、1回1回期待していると、心が持ちません。当たり前のことです。

私たち営業マンのアプローチ作業も同じです。1回1回のアプローチ作業に対して、1回1回見込み客の人と会えることなど、ありえないのです。

100回アプローチすれば、3回成功。3人の見込み客と会えればいいという確率です。

これが**「ターゲット3％」**の考え方です。

ところで、「なんでこんなに毎日毎日、飛び込み訪問ばかりしなきゃいけないんだ！」

「なんで毎日、テレアポばかりしなきゃいけないんだ！」と言う人がかなりいます。

なぜ、飛び込み訪問やテレアポをしないといけないのでしょうか？

それは、**あなたが見込み客と出会うため**です。あなたが見込み客を探すために、その作業が必要だからです。

アプローチ作業をして見込み客と出会わないと、商談を打つことすらできません。スポーツ選手が練習をするのは当たり前ですし、ミュージシャンが楽器の練習をするのは当然のこと。それと同じように、私たち営業マンがアプローチ作業をするのは当たり前なのです。当たり前の作業として捉えてください。

それに対して、いちいちめげない。いちいち傷ついていたら、きりがありません。

私がしている即決営業のセミナーでは、こういう質問がよく出てきます。

「アプローチの成功率を上げたい場合、どういうトークをすればいいですか？」「どういう切り込み方をすればいいですか？」

残念ながら、**アプローチの成功率は、新人営業マンであっても、トップセールスマンであっても、実はあまり変わりません**。

だから、**数が必要**です。

あなたが3人の見込み客と出会いたいならば、100人にアプローチしてください。あなたが6人の見込み客と出会いたいならば、200人にアプローチしてください。

実は、それだけなのです。

私が25歳のときに、同窓会に呼ばれたことがあります。地元の中学校の同窓会です。そこで10年ぶりに中学時代の友だちに会いました。自然に「○○君は、どういう仕事をしているの?」という仕事の話になりました。高額教材の訪問販売の仕事をしていた私は、「100万円くらいする高額教材を売っているんだよ」という話をしました。

すると、ひとりの女性が言いました。

「えー! 100万円もするの? 私やったら、そんな100万円もする教材は絶対に買えへんわ!」

そんなの当たり前です。そもそも100万円もする教材を買う人は、世の中にほとんどいません。当然ながら、彼女も、私たちのターゲットではありません。

世の中のほとんどの人は、ターゲット外なのです。

ただ、**世の中には3%だけ、その商品を買う可能性のある人がいる**のです。

その3%の人を探す作業、それがアプローチ作業なのです。

ターゲットシート

（記入例）

性別	男性・**女性**（丸囲み）	年代	30歳～ 50歳
属性	**個人**（丸囲み）・個人事業主・法人	地域	関東圏・関西圏
その他	小4 ～高3のお子様がいるお母様		
悩み	・成績が平均点以下 ・学校の授業についていけない ・塾に行かせたけどついていけない ・テストの点数が悪かった ・志望校に行けるか不安 ・苦手科目の克服 ・部活と勉強の両立 ・兄弟が多くて教育費が高い		

あなたの商品に当てはめて、記入してください。

性別	男性・女性	年代	
属性	個人・個人事業主・法人	地域	
その他			
悩み			

技術
08

ターゲティング

決済権のある人に面会する方法

決済者を明らかにしていく方法とは

「はじめに」で訴求がいかに大事かを述べましたが、誰に訴求するのかが一番重要です。簡単に言えば、**決済権のない人にいくら訴求をしても、意味がありません**。

例えば、家庭教師の派遣会社で営業をしていると、商談の場にお母さんとお子さんしかいないことがあります。すると、その場で契約に辿り着いたとしても、あとからキャンセルになることがよくあるのです。経験則では、だいたい半分くらいの人がキャンセルをしてきます。

なぜ、そのようなことが起こるのでしょうか。

プレゼンテーションが悪かったわけでも、クロージングの技術が悪かったわけでもありません。単に、**ターゲットが間違っていた**からです。

家庭によって異なりますが、多くの家庭では、お父さんが決済権を持っています。そのため、お母さんと契約を交わしても、後々お父さんが反対してキャンセルになるのです。

ですから、私たちはなるべくお父さんがいる時間帯に訪問するようにしています。アポイントの日時を決めるとき、**「その時間、お父様はいらっしゃいますでしょうか？」**と確認するわけです。「いる」という返事があったとしても、実際に訪問するとお父さんが出てこない場合もあります。そういうときは、**「今チラッと呼んできてもらえませんか？　ご挨拶だけでもさせてください」**と言えば、だいたい出てきてくれます。

家庭教師の派遣のようなＢｔｏＣの営業では、まだターゲットに会いやすいのですが、**ＢｔｏＢの法人営業の場合は、なかなかターゲットに辿り着けない**ことも多いのではないでしょうか。電話でアポイントを取ったとしても、対応した人は新入社員だった、ということも多々あります。新入社員にいくら商談しても意味がありません。「上司に相談します」と言われるのが、目に見えています。

では、その上司に面会すればいいのかと言うと、そうでもありません。たとえ上司にプレゼンテーションをできたとしても、結局「役員に相談します」と逃げられてしまうからです。そこで、新入社員など、決済権を持たない人に対応された場合は、**その面会でのゴールは「決済者は誰かを明確にすること」**になります。面会に訪れて、新入社員などのいち社員が出てきたときは、次のように言います。


「あなたは、この件に関して決済権はありますか？」

「いいえ、ありません」

「では、どなたが決済権をお持ちですか？」

「社長か部長です」

「社長さんか部長さんなんですね。ありがとうございます。社長さんはどこにいらっしゃいますか？」

「社長は海外出張に行っているので……」

「そうなんですね。ちなみに、部長さんのお名前は、何とおっしゃるんですか？」

「山本です」

「山本部長さんなんですね。ちなみに、御社は東京本社と大阪支社がおありですが、山本部長さんは普段どちらにいらっしゃるんですか？」

「東京です」

「普段、東京にいらっしゃる山本部長さんなんですね。平日だったら午前中とか、何曜日にいらっしゃるとか、おわかりでしょうか？」

「水曜日の午前中は会議があるので、だいたい社内にいると思います」

そのようにして、ターゲットを明確化していきます。この場合、ターゲットは「水曜日の午前中に東京本社にいる山本部長」になります。

ここまでターゲットがはっきりすれば、今回の面会のゴールは達成されたと言ってもいいでしょう。**「来週の水曜日、たまたま近くに行く予定がありますから、お伺いしてもいいでしょうか？」**とアポイントを取れれば、さらに言うことなしです。

実際に水曜日の午前中に訪問して、部長さんが出てこられなかったら、**「山本部長さんにご挨拶だけでもさせてください」**としっかり訴求します。

決済者が同席する確率が高まる「割引き予告」

また、私たちの即決営業の研修は、かなり高額なため、いくら完璧なプレゼンテーションをして役員会の議題に上ったとしても、契約に至ることはほぼありません。

ですから、最終的な決済者である社長に、直接訴求する必要があります。

そのような場合、先ほどと同じようにして、社長がいつ、どこにいるかの情報を集めることから始めます。情報通りの時間帯に行くと、だいたい50％くらいの確率で社長さんがいらっしゃるように思います。そこで、「今チラッと呼んできてもらえませんか？」とお願いすると、出てきてくれる場合が多いです。

さらに、とっておきの方法があります。

それは、**「割引き予告」というエサを使って、決済者と会う方法**です。

例えば、次のような感じです。

「うちは当日お申し込み制度がありまして、商談の当日にお申し込みいただくと、商品代

金が37%オフになるんです。例えば、200万円くらいの商品であれば、70万円ほど割引きになります。ただ、後日お申し込みになったときは、この制度は適用されませんので、ご了承ください」

このように、**割引きを予告しておくと、決済者が同席してくれる確率が高くなります**し、「ですので、社長さんがいるときにお伺いさせていただきたいです」とお願いすることもできます。

繰り返しになりますが、「契約をしてください」という訴求は、決済者であるターゲットに向かって行わないといけません。ですから、まずはターゲットに会うために、情報を集めてアポイントを取るようにしてください。

ターゲットを間違えてしまうと、どんなに頑張っても契約できないのです。

技術
09

エレベータートーク

1分で自己紹介をする方法

短時間で簡潔に伝える驚異の会話術

ご存じの方も多いと思いますが、**「エレベータートーク」とは**、エレベーターで一緒になったときに、1階から10階までの**短い時間で自分の伝えたいことを相手に簡潔に伝える会話術**のことです。

社長や役員の人は忙しく、あまり時間がないため、なかなか打ち合わせの時間を確保することができません。そのため、会った瞬間に自分のことをアピールしたり、報告をしなければいけません。また必要に応じて、打ち合わせのアポイントを取る目的もあります。

あるいは、商談の前に自己紹介をしなければいけない場面もありますし、セミナーや懇親会などで簡潔に自己紹介をしなければいけない場面も多々あります。

営業マンにとって、自己紹介は絶対に必要なものです。そういうときのために、**1分以内の自己紹介をあらかじめ作っておく**ようにしてください。

例えば、私の場合では、次のような自己紹介になります。

「株式会社即決営業、代表取締役の堀口龍介です。営業部を強くしたい大手企業や中小企業さんを対象に企業研修・営業研修をさせてもらっています。世の中には、お客様の『考えます』に悩まされている経営者の方、管理職の方、営業マンの方がたくさんいます。私たち即決営業の研修では、お客様の『考えます』を攻略する具体的なセリフを作成していくので、御社の商品に合わせたプレゼンテーションシナリオとクロージングマニュアルが完成します。さらに、それを使いこなすための実践トレーニングを徹底的に行うので、会社全体の商談成約率が大幅に上がっていきます。即決営業にご興味のある方は、ぜひ、株式会社即決営業のホームページを見てください」

このように、1分以内で言える自己紹介を作っておかないと、その場で適当なことを言ってしまうことになります。

自己紹介でも最後に「訴求」する

実は、今紹介した私の自己紹介は、綿密に構成が計算されています。

もう一度、自己紹介を分解しながら、具体的に見ていきましょう。

- 肩書――「株式会社即決営業、代表取締役の堀口龍介です」
- ターゲット――「営業部を強くしたい大手企業や中小企業さんを対象に」
- 現在の活動――「企業研修・営業研修をさせてもらっています」
- 問題提起――「世の中には、お客様の『考えます』に悩まされている経営者の方、管理職の方、営業マンの方がたくさんいます」
- 商品の特徴①――「私たち即決営業の研修では、お客様の『考えます』を攻略する具体的なセリフを作成していくので」
- ベネフィット①――「御社の商品に合わせたプレゼンテーションシナリオとクロージングマニュアルが完成します」

・**商品の特徴②**――「さらに、それを使いこなすための実践トレーニングを徹底的に行うので」
・**ベネフィット②**「会社全体の商談成約率が大幅に上がっていきます」
・**訴求**――――「即決営業にご興味のある方は、ぜひ、株式会社即決営業のホームページを見てください」

このように、私の**自己紹介は「肩書」「ターゲット」「現在の活動」「問題提起」「商品の特徴」「ベネフィット」「訴求」で成り立っています**。

まずは、自分が何者なのかを伝えます。

次に、どういう人をターゲットに、どのような仕事をしているのかを述べます。

その後、簡単に商品の紹介をするのですが、その前に問題提起をします。ターゲットであるお客様がどういった悩みを抱えているのかを問題提起すれば、聞いている人の共感を得られますし、商品の説得力も増します。

その次の商品の特徴は、先に述べた問題を解決するためのものです。

私の自己紹介では、商品の特徴が2つありますので、ベネフィットも2つです。ひとつにまとめることができれば、ひとつでも大丈夫。ただ、3つ以上にはならないように注意してください。自己紹介が1分を超えるからです。また、聞いている人が3つ以上もの特徴を覚えられないからでもあります。

そして最後に、必ず訴求します。

商談でなくても、相手にしてほしいことを常に訴求するクセをつけてください。

この場合、不特定多数の人を相手にしているので、「ホームページを見る」という行動をお願いしています。

みなさんも、次のワークシートを使って、1分以内で話せる自己紹介を作ってみてください。

今回は仕事での自己紹介ですが、プライベートの自己紹介を作って練習してみてもいいと思います。

エレベータートークシート

（記入例）

肩書 最初	株式会社即決営業、代表取締役の堀口龍介です。
ターゲット	営業部を強くしたい大手企業や中小企業さんを対象に
現在の活動	企業研修・営業研修をさせてもらっています。
問題提起（限定質問※）	世の中には、お客様の「考えます」に悩まされている経営者の方、管理職の方、営業マンの方がたくさんいます。
商品の特徴①	私たち即決営業の研修では、お客様の「考えます」を攻略する具体的なセリフを作成していくので
ベネフィット①	御社の商品に合わせたプレゼンテーションシナリオとクロージングマニュアルが完成します。
商品の特徴②	さらに、それを使いこなすための実践トレーニングを徹底的に行うので
ベネフィット②	会社全体の商談成約率が大幅に上がっていきます。
訴求 最後	即決営業にご興味のある方は、ぜひ、株式会社即決営業のホームページを見てください。

あなたに当てはめて、記入してください。

肩書 最初	
ターゲット	
現在の活動	
問題提起（限定質問※）	
商品の特徴①	
ベネフィット①	
商品の特徴②	
ベネフィット②	
訴求 最後	

※「限定質問」については、技術11を参照してください。

技術
10

切り口

相手の懐に切り込む「ＹＥＳ取り」の技術

「はい」と答えてしまう質問の魔力を利用する

警戒しているお客様に、いきなり飛び込んでも、相手の警戒心は増します。まるで、会ったこともない人から告白されるようなもの。ですから、まずは少しでも相手の警戒心を和らげて、こちらの質問に答えやすい状態になってもらう必要があります。

即決営業では、お客様に切り込んでいくことを**「切り口」**と呼んでいます。

切り口＝ＹＥＳ取り＋限定質問

これが、「切り口」の基本型です。

限定質問については、次の技術11「引き出し」で紹介しますので、ここでは、「YES取り」について触れたいと思います。

「YES取り」とは、相手から「はい」という言葉をもらうこと。なぜ、お客様から「はい」をもらったほうがいいのかと言うと、**心理学的に、「はい」と言ってからのほうが、相手は答えやすいという大原則がある**ためです。

例えば、大学生に夢を聞くときに、「○○君の夢は何ですか？」といきなり質問しても、相手は答えにくいですよね。ところが、「○○君は、今、大学生ですよね？」と質問して、相手が「はい」と答えてから、「○○君の夢は何ですか？」と質問すると、相手は答えやすくなるのです。

息を吐いたあとは「質問に答えやすくなる」

相手に一度、息を吐かせることが大事なのです。そのために、**絶対に「はい」と答える質問を最初にします**。これが「YES取り」です。

私が運営している家庭教師派遣の営業で言えば**「今、お子様は中学校2年生ですよ**

ね？」、もしエステサロンに営業に行くのであれば**「御社はエステサロンですよね？」**、ソフト開発会社ならば**「御社は顧客管理ソフトを扱っていらっしゃるじゃないですか？」**など、絶対に「はい」と言う質問をして、相手に息を吐いてもらいます。

「YES取り」をしたら、「限定質問」を続けます。詳しくは次の項目で説明しますが、例をひとつ挙げておきたいと思います。

「御社は新宿にあるじゃないですか？」

「はい」

「結構、新宿区の方は、若年層のお客様は集まるけれど、年齢層の高いお客様が集まらないとおっしゃるのですが、○○さんのところは、そういうことはないですか？」

このように、切り口は、まず「YES取り」をしてから「限定質問」をすると、相手は答えやすくなります。この方法は、テレアポのときでも利用できますし、実際にお客様と対面したときでも使える技術です。

YES取りシート

YES取りフレーズ：お客様が必ず「はい」と言う質問
（あらかじめ、地域情報、HPなどを見てYES取りポイントを準備しておく）

（記入例）

YES取りフレーズ		
名前	年齢	学年
取扱商品	業種（やっていること）	会社の場所
近所の建物名		

あなたのターゲットに当てはめて、記入してください。

YES取りフレーズ		

技術 11

引き出し

お客様に悩みを発生させる「限定質問」術

悩みや問題を顕在化させる質問

営業の世界では、**「ニーズは与えずに引き出せ」**ということがよく言われています。ニーズとは、お客様の悩みや問題のこと。「この問題を解決したい」「○○で悩んでいる」といった**悩みをお客様の口から引き出せるかどうか**が、プレゼンテーション前の最初の壁になります。

もしお客様からニーズを引き出す前に、プレゼンテーションに入ってしまったら、お客様の警戒心が強まります。すると、あなたの成約率は大幅に下がってしまいます。

次のような経験はないでしょうか。あなたが服屋さんに入っていったとき、呼んでもいないのに、店員さんがあなたの側《そば》に寄ってきた。それに対して、あなたはどう思ったでしょうか。「げっ、こっちに来る」「逃げなきゃ」と思ったことはないでしょうか。

さらに、店員さんが「この服は、今年の最新モデルなんですよ」「この靴は、イタリア製の本革仕様なんです」などと、いきなり商品説明をしてきたら、あなたはどう感じるでしょうか。

「いきなり何？」「ちょっと突然すぎない？」と思うのではないでしょうか。

あなたのお客様も同じです。**悩みや問題が顕在化していない状態でプレゼンテーションに入られると、お客様の警戒心は強くなってしまう**のです。

ですから、プレゼンテーションに入る前に、お客様のニーズを引き出しておくことが重要なのです。

そもそも、**営業とは問題解決業**です。**お客様の抱える問題や悩みに対しての解決策を商品として、お客様に提供する仕事**なのです。

つまり、問題がないと解決できません。問題がなければ、私たち営業の仕事は成立しないわけです。

ですから、まずは問題を発生させてください。プレゼンテーションに入る前にお客様の問題を引き出すわけです。

では、どうすれば、お客様の悩みや問題を引き出せるのでしょうか。

それは**「質問」**です。

質問には、大きく分けて、「オープンクエッション」と「クローズクエッション」の2種類があります。

基本的に、質問される側からすれば、オープンクエッションよりも**クローズクエッションのほうが答えやすい**もの。

例えば、「あなたはどんな男性がタイプですか？」とオープンクエッションで（広い範囲で）質問されるよりも、「芸能人だと、どんな男性がタイプですか？」とクローズクエッションで（枠を狭めて）質問したほうが答えやすいのです。

芸能人の中でもさらに枠を狭めて、「ジャニーズだったら、誰がタイプですか？」と質問したほうが答えやすいですし、ジャニーズの中でも「嵐のメンバーだったら、誰がタイプですか？」、嵐の中でも「櫻井君と松本君、どっちがタイプですか？」と、さらに枠を狭めたほうが答えやすくなるのです。

このように、**質問の枠を狭めてクローズしていく質問が「クローズクエッション」**です。

質問対象を限定すればするほど相手は答えやすい

この「クローズクエッション」よりも、さらに枠を狭めた**「限定質問」**という技術があります。限定質問とは、読んで字のごとく、質問対象を限定する質問です。

例えば、「あなたは嵐の櫻井君はタイプですか？」「あなたは嵐の松本君はタイプですか？」のように、質問対象を限定することで、質問された相手は答えを出しやすくなるのです。

この限定質問の技術は、お客様の悩みを引き出すために使います。

まず、あなたが引き出したいお客様の悩みを、想定できる範囲でいいので、洗い出せるだけ洗い出します。

例えば、ダイエット商品を販売している営業マンだったら、「お腹まわりの肉」「足を細くしたい」「内臓脂肪」「食欲を抑えたい」「基礎代謝量の低下」「老化」「リバウンド」「二重あご」……など、さまざまな悩みを洗い出せます。

このような悩みをあなたの商品に当てはめて洗い出すわけです。そして、洗い出した悩みを限定質問に変えて、お客様に質問していきます。例えば、次のような感じです。

「お腹まわりの肉で悩んでいる人が多いのですが、○○様はお腹まわりの肉でお悩みなどはないでしょうか？」

これは、「お腹まわりの肉」の限定質問です。それに対して、お客様が「いやー、私は別にお腹まわりの肉で悩んでいないのよね」と返事をしてきたら、すぐに別の限定質問に移ります。

「お悩みではないのですね。ありがとうございます。ただですね、足を細くしたいということで悩んでいる方が多いのですが、○○様は足を細くしたいというお悩みはないでしょうか？」

このように、お客様がＮＯの返答をしてきたら、**「サンキュー・バット」の技術**を使って、別の限定質問に移ります。

「サンキュー・バット」とは、相手の主張を復唱して、感謝の気持ちを述べます。それから、別の主張をする話法です。ここでは、「お悩みではないのですね。ありがとうございます」と復唱と感謝を述べてから、「ただですね……」とつなげていきます。

いきなり「ただですね……」と切り返すよりも、一度お客様に感謝することで、次の話題への移行が受け入れられやすくなるのです。

それでも、またお客様が「いやー、別に足を細くしたいとか悩んでいないのよね」とNOの返答をしてきたとしても、また「サンキュー・バット」の技術を使って、別の限定質問をしていきます。

「お悩みではないのですね。足細いですもんね。ありがとうございます。ただですね、内臓脂肪で悩んでいる方もかなり多いのですが、○○様は内臓脂肪でお悩みではないですか？」

「あ、私、先日の健康診断で、内臓脂肪要注意って言われたのよ」

「え？　内臓脂肪要注意って言われたんですか？」

「そうなんですよ」

「そうなんですね」

今、この瞬間にお客様の悩みが引き出せたことになります。「内臓脂肪要注意」という問題が発生したわけです。ここではじめて、営業マンは、その問題に対する解決策を商品として提案できるわけです。

「内臓脂肪が高いと、生活習慣病になる確率が〇〇％高くなります。そして、内臓脂肪が高い人のために作られたのが、この〇〇という商品なんです」

繰り返しになりますが、営業の世界では、「ニーズは与えずに引き出せ」が基本です。ニーズを引き出す前に商品説明に入ってしまうと、あなたの成約率は大幅に下がります。プレゼンテーションに入る前に、お客様のニーズをしっかりと引き出しておくことが、あなたの成約率向上につながるのです。

引き出しシート（限定質問）

引き出しフレーズ：［　　　　　］で悩んでいる人が多いのですが、
〇〇様は［　　　　　］でお悩みなどはないですか？

（記入例）

ダイエット商品におけるセールスの例

ニーズ（お悩み・問題）		
お腹まわりの肉	足を細くしたい	二の腕のたるみ
内臓脂肪	食欲が抑えられない	冷え性
二重あご	便秘	体力低下
リバウンド	老化	胸から痩せる

あなたの商品に当てはめて、記入してください。

ニーズ（お悩み・問題）		

切り口シート

切り口フレーズ：YES取り＋限定質問

（記入例）

YES取り	限定質問
御社はエステサロンですよね？	エステサロンのみなさんは「他社との差別化がしたい」ってお悩みの方が多いのですが、御社は「他社との差別化がしたい」というお悩みとかないですか？
御社はOA機器のリース販売をなさってますよね？	OA機器をリース販売されている会社さんは「アポが取れない」って悩んでいる会社さんが多いのですが、御社は「アポが取れない」というお悩みとかないですか？
○○様のお店って巣鴨にあるんですよね？	巣鴨で運営されてる飲食店さんは「若い世代のお客さんが来てくれない」と悩んでいる方が多いのですが、○○様は「若い世代のお客さんを増やしたい」というお悩みとかないですか？

あなたのターゲットに当てはめて、記入してください。

YES取り	限定質問

技術 12

具体化

お客様の悩みを具体的にする方法

なぜ「悩みが浅い」とお客様は商品を買わないのか

お客様は、さまざまな悩みを持っています。

「ダイエットをしたい」「英語を覚えたい」「もっと収入を増やしたい」などといった**悩みがあるからこそ、お客様は私たち営業マンの話を聞く**わけです。

ただ、話を聞いたお客様は、当然のことながら、買う人と買わない人に分かれます。あなたの商品がどんなに良い商品だったとしても、あなたがどんなに上手な商品説明をしたとしても、買わない人は買いません。なぜ、この人たちは買わないのでしょうか。

それは、悩みが浅いからです。**悩みが浅いと、お客様は商品を買わない**のです。

世の中には、まれに「今すぐ客」と言われる、悩みが深いお客様がいます。「子供の成績が下がってきたので、今ちょうど家庭教師を探していたところ」「海外転勤が決まったので、今ちょうど英会話スクールを探していたところ」「結婚したばかりなので、今ちょうど保険に入ろうかと検討していたところ」といった、今すぐにスタートを考えている「今すぐ客」に運良く出会うことができれば、どんな営業マンでも高確率で契約を取ることができます。

ただ、私は20年以上も営業の世界にいますが、残念ながら「今すぐ客」に出会う可能性は、極めて低いのが現実です。「話を聞くだけ聞いてみよう」「やるかどうかはわからない」といった悩みの浅いお客様が圧倒的大多数なのです。

ですから、あなたが今よりも大きな売上を上げたいのであれば、悩みの浅いお客様にも商品を売っていかなければいけません。**悩みの浅いお客様に商品を売るためには、その人の悩みを具体化してあげる必要があります。**

では、どうすればお客様の悩みを具体化していけるのでしょうか。

悩みを具体化する「魔法の質問」とは

そのために、いくつかの質問を効果的に使います。

例えば、お客様が「塾に行かせたけれど、授業についていけなかった」という悩みを言ってきたとします。まず、その悩みに対する原因を質問していきます。

「塾に行っても、授業についていけなかったんですね。その原因は、何だったのでしょうか？」

「うちの子は基礎学力が弱いんです」

「基礎学力が弱いんですね。それって、いつからですかね？」

このように**「いつから」**というキーワードを使って、質問を続けます。

「いつからって、そうねぇ……。たぶん、小学校5年生くらいからつまずいていると思うんですよね」

「小学校5年生くらいからつまずいているんですね。それはちょっと困りますよね」

という形で話が展開していきます。次は、**「具体的に」**というキーワードを使って、質問していきます。


「基礎学力が低いと、具体的にどんな問題が起こりますか?」

「具体的には、学校の授業にもついていけなくなりますし……」

「学校の授業についていけないとは、具体的にはどんな感じなんですか?」

「この子は、学校の先生の授業をまったく理解できていないと思うんですよね。ただそこにいるだけというか、ただ授業を見ているだけって感じなんですよね」

「あぁ、そういう状態なんですね」

「そうなんですよ。だって、小学校の授業がわからない子が、中学校の授業を聞いても理解できるはずがないじゃないですか」

「確かにそうですね。小学校の授業がわからない子が、中学校の授業を聞いても理解できるはずがないですもんね」


こうして「具体的に」というキーワードを使って質問していけば、お客様の悩みはどんどん具体化していきます。また、**「他には？」**という質問を投げかけてもいいでしょう。そうすると、お客様から「このままだと、行きたい高校に行けなくなる」「このままだと、就職に困る」「この子に恥ずかしい思いをさせたくない」といった、他の問題もどんどんと出てきます。ここで、さらに質問を続けます。

「お客様、それって問題ですよね？」

「もちろん問題です」

このように、**「それは問題だ」ということをお客様の口から言わせます**。しっかりと問題認識をさせた上で、お客様に**「お客様、でも、なぜ今までその問題を解決しなかったんですか？」**と質問します。

今までその問題をほったらかしにした理由を聞きます。すると、ほとんどのお客様は「仕事が忙しくて」「時間がなくて」「バタバタしていて」といった言い訳をしてきます。「そうなんですね。なかなかきっかけがなかったんですね。でしたら、この機会にうちの商品を……」という流れで、ここではじめて商品説明に入っていきます。

このように、お客様の悩みをしっかりと具体化してから商品説明に入れば、あなたの成約率は大幅に上がります。

繰り返しますが、悩みが浅いお客様は、その商品を買いません。お客様の悩みを具体化してください。お客様の悩みは、具体的になればなるほど、その痛みは増していきます。悩みが深くなっていくのです。

具体化シート

引き出しフレーズ：[　　　　　　]で悩んでいる人が多いのですが、
○○様は[　　　　　　]でお悩みなどはないですか？

（記入例）

原因	「何が原因ですか？」
いつから	「いつからですか？」
具体的に	「具体的にどんな（状況・痛み・不具合）ですか？」
問題認識	「それって問題（嫌）ですよね？」
なぜ？	「なぜ今までその問題を解決しなかったんですか？」

あなたの商品に当てはめて、記入してください。

原因	
いつから	
具体的に	
問題認識	
なぜ？	

技術
13

当てはめ

購買意欲を高める方法

商品を購入するのは「私」ではなく「お客様」

まず、あなたに質問をします。

あなたは、今までにどんな商品を買いましたか？

車やパソコン、腕時計や生命保険など、今までの人生の中でいろいろな商品を買ってきたはずです。

では、あなたはなぜ、これらの商品を買ったのでしょうか？

それは、その商品があなたに当てはまったからです。**人は、自分に当てはまった商品を**

買うのです。

こんな経験はありませんか。

街を歩いていて、百貨店のショーウィンドウに飾られている商品を見て、「あの靴、この前買ったジャケットに合いそう。欲しいなぁ……。買おうかな……」と思ったり、家電ショップに行ったときに、「あのパソコンデスク、私の家のタンスとベッドの間にピッタリと収まる。買おうかな……」と思ったりした経験はないでしょうか。

自分の持ち物にピッタリ当てはまったときに、その商品を買った経験があると思います。

あなたのお客様も同じです。**その商品が自分の状況やライフスタイルに当てはまった瞬間に、その人の購買意欲は劇的に高くなります。**

営業の世界では、「お客様目線で考えろ」とよく言われています。あなたの商品を買うのは、あなたではなくお客様だからです。

ですから、「どうしたら、私の商品がもっと売れるようになりますか?」「どうしたら、私のファンがもっと増えますか?」といった私目線で考えるのではなく、お客様の目線に立って考えることがすごく重要なのです。

お客様のニーズと状況を考える

20代のころ、私は家庭教師派遣会社の営業マンとして働いていました。

そのころの私は、「どうしたら契約してもらえるのかな?」「どうしたら売れるのかな?」といったことばかり考えていました。でも、私目線で物事を考えているときは、なかなか売上は上がりませんでした。

ところが、ある日、「もし私がお客様だったら、この家庭教師をどんなふうに使うだろうか」ということを考え始めたのです。

「もし私が苦手科目を持っている生徒だったとしたら、どんなふうに指導してほしいだろうか」

「もし私が部活で忙しくしている生徒だったとしたら、どんなふうに宿題を出してほしいだろうか」

このように、お客様のニーズや生活状況に合わせて、プレゼンテーションを考え直したのです。

すると、今まで契約してくれなかったお客様が契約してくれるようになったのです。例えば、習いごとや部活で忙しくしている生徒さんの場合ならば、次のような感じです。

「うちの家庭教師は、○○君の習いごとや部活の状況に合わせて、学習計画を日割りで立ててくれるんです。例えば、『水曜日は習いごとの日だから、水曜日は宿題はなしにするね。その代わり、木曜日は宿題を多めに出しますね』とか、『今週の土曜と日曜は、部活の試合があるんだよね。土日は宿題をなしにする代わりに、平日は宿題を多めに出すようにするね』とか。だから、無理なく続けられるんです」

このように、部活や習いごとで忙しい生徒さんの生活状況に合わせて、商品説明をするようにしました。

また、苦手科目を持っている生徒さんの場合は、次のように言います。

「○○君は数学が苦手なんだよね。でも、家庭教師なら安心です。家庭教師は、学校や塾と違って、マンツーマン指導だからです。なので、○○君がわからないところに合わせて、

家庭教師の先生が○○君が理解できるまで何回も繰り返して、丁寧に指導してくれます。だから苦手科目の克服が可能なんです」

その生徒さんの苦手科目の克服に焦点を合わせて、商品のプレゼンテーションを組みます。お客様は、その商品を購入したときのメリットを自分のニーズ、自分のライフスタイルに当てはめて感じることができるので、購買意欲も上がるのです。

ただ単に商品説明をするのではなく、その商品の使い方をそれぞれのお客様に当てはめて考えるようにしてください。

そうすれば、あなたの成約率は大幅に上がります。

お客様は、さまざまな制限の中で生きています。

仕事が終わってからアルバイトをしている人もいますし、仕事と子育ての両立で忙しいシングルマザーもいます。

転職したばかりの人、副業を考えている人、出張が多い人、習いごとで忙しい人、親の介護で疲れている人、ひとり暮らしでお金がない人、実家暮らしで門限が厳しい人、夢を追いかけている人……。お客様はさまざまな制限の中で生きているのです。

ですから、**それぞれの生活状況によって、その商品の使い方も変わってくる**のです。

みなさんも、一度考えてみてください。

あなたのお客様は、どんなニーズを抱えていますか？

そして、**どんな状況を抱えていますか？**

重要なのは、お客様のニーズとお客様の状況です。プレゼンテーションによって、あなたの商品をお客様のニーズ、そしてお客様の状況に当てはめることができたのなら、そのお客様は高確率であなたの商品を買うことになります。

あなたの商品を、お客様のニーズ、お客様の状況に当てはめてください。お客様が買うのは、自分に当てはまった商品だけです。

当てはめシート

（記入例）

ニーズ	セールスポイント	だから　ベネフィット
最後までやり切れるか不安	中途解約制度	途中で辞めても安心
授業についていけるかどうか不安	完全個別マンツーマン指導	お子様のわからない部分をわかるまで何度も繰り返し指導できるから安心
中間・期末テストの点数を上げたい	それぞれの教科書メーカーに合わせて作られた、中間・期末テスト対策マニュアル	中間・期末テストの点数がとにかく上がりやすい
実力テストの点数を上げたい	年間5回の実力診断テストが自宅で受けられる	弱点を早期発見して指導できるから実力テストの点数が上がりやすい
前の学年の単元がわからない	お子様のわからないところに戻る、前の学年の単元がわからないフィードバック矢印つき教材	お子様のわからないところにピンポイントで戻って指導できる

あなたの商品に当てはめて、記入してください。

ニーズ	セールスポイント	だから　ベネフィット

問題提起シート

（記入例）

引き出し		テストの点数が低いこと で悩んでいる人が多いのですが、 ○○様は テストの点数が低いこと でお悩みなどはないでしょうか？
具体化	原因	何が原因ですか？
	いつから	いつからですか？
	具体的に	具体的にどんな（状況・痛み・不具合）ですか？
	問題意識	それって問題（嫌）ですよね？
	なぜ？	なぜ今までその問題を解決しなかったんですか？
当てはめ	セールスポイント	それぞれの教科書メーカーに合わせて作られた、中間・期末テスト対策マニュアル
	ベネフィット	中間・期末テストの点数がとにかく上がりやすい

あなたの商品に当てはめて、記入してください。

引き出し		で悩んでいる人が多いのですが、 ○○様は 　　　　でお悩みなどはないでしょうか？
具体化	原因	
	いつから	
	具体的に	
	問題意識	
	なぜ？	
当てはめ	セールスポイント	
	ベネフィット	

技術
14

100%同意

お客様の心をほぐすコミュニケーション術

リアクションの「さしすせそ」で感情同化させる

みなさんは、「話し上手より聞き上手」という言葉を聞いたことがありますか？

人は、他人の話を聞くよりも、自分がしゃべりたい動物です。つまりお客様は、自分の話がしたいのです。ですから、お客様にはしゃべらせてください。お客様は、しゃべればしゃべるほど、気持ちがよくなり、心がほぐれていきます。自分のことをテーマにした話であれば、お客様はいつまでも気持ちよく話し続けてくれます。

そのためには、お客様のことをテーマにして話を進めてください。お客様の自慢話、武勇伝、最近はまっていることなど、**お客様は自分の話をすればするほど、気持ちがよくなり、警戒心も解いていきます**。

その結果、私たち営業マンの要求を受け入れやすくなるのです。

お客様をしゃべらせていく上で、守ってもらいたいスタンスがあります。

それが、これから説明する**「100%同意」**です。「100%同意」とは、**契約と関係のない意見に対しては、「100%同意しろ」**ということ。

世の中には、いろいろな考え方があります。お客様もさまざまな考え方を持っています。

あなたがお客様と話をしていく中で、「それはおかしいんじゃないかな」「それはちょっと矛盾しているんじゃないかな」と思うこともあるかもしれません。

でも、お客様の意見がどんなにおかしいと思ったとしても、どんなに許せないと思ったとしても、契約と関係のない意見であるならば、100%同意してほしいのです。

私は家庭教師と学習教材の訪問販売の営業をずっとしていましたが、商談中にお客様がこういうことを言ってきたことがあります。

「やっぱりたこ焼きは、大阪のたこ焼きよりも東京のたこ焼きのほうがおいしいよね」

「結局、男よりも女のほうが偉いのよ」

こういった私と異なる意見を言ってくる場合があったのです。大阪出身の私としては、大阪のたこ焼きのほうがおいしいと思っていますし、男性も女性もどちらも偉いと思っています。

でも、これは契約とは関係のない意見ですから、100%同意です。

「間違いないです。確かにたこ焼きは東京のたこ焼きのほうがおいしいです」

「お母様のおっしゃる通りです。絶対に男性よりも女性のほうが偉いです。なぜかと言うと、子供を産みますから」

このように、あなたが関西人であろうが関東人であろうが、男性であろうが女性であろうが、契約と関係のない意見に対しては、100%同意してほしいのです。

もちろん、反論したくなる気持ちもわかります。でも、私たち営業マンの役割は、売ることです。なので、お客様との余計な議論は避けてください。契約と関係のない意見に対しては、すべて同意していくことが売ることへの近道なのです。

さらに「100%同意」では、感情も合わせて言うようにします。

お客様の感情部分に対しても、100%同意するのです。

もしお客様が「旦那の浮気が許せない」という話をしてきたら、**「腹立ちますねぇ。そ**

れは許せませんよね」という感じで、あなたも一緒に怒ってあげてください。

息子さんがマラソン大会で優勝したという話をしてきたら、**「え！　優勝したんですか！　すごいじゃないですか！　めっちゃうれしいですね！　最高ですね！」**という感じで、あなたも一緒に喜んであげてほしいのです。

お客様の話に同意することに加えて、感情部分も合わせていけば、お客様はあなたのことを「この人は、私の気持ちをわかってくれる人なんだ」と認識するはずです。

お客様の感情部分と同化して、信頼関係を築いていく方法を**「感情同化」**と言います。

また、リアクションも大切です。

リアクションの「さしすせそ」という技術があります。

お客様が、自慢話や武勇伝を話してきたとき、「さしすせそ」のリアクションをするようにしてください。

さ……「さすがですね！」

し……「知らなかったです！」

す……「すごいですね！」
せ……「説得力があります！」
そ……「そうなんですね！」

このように、「あなたの話をもっと聞かせて！」と言わんばかりに、大きなリアクションを取ってほしいのです。その話がどんなにくだらない話だったとしても、どうでもいい話だったとしても、最大のリアクションで反応してください。
あなたの大きなリアクションによって、お客様はさらに気持ちよくしゃべり続けます。そのくらいリアクションは大切です。ですから、お客様に対するリアクションは、「さしすせそ」を意識して、大きく取るのです。

「話し上手」より「聞き上手」が最高の営業

最後に、ひとつ注意点があります。
お客様の意見の中には、同意してはいけない意見があります。

例えば、「不景気だから、どこの家庭もお金がない」「急いでいない」「今の問題が解決しなくても別にいいと思っている」といった**契約から遠ざかろうとする意見に対しては、しっかり反論**してください。契約から遠ざかろうとする意見に対して同意してしまうと、契約が取れなくなってしまうからです。

プレゼンテーションにおいて、お客様が契約から遠ざかろうとする意見を言ってきた場合は、「確かに不景気ですよね。うちの家計も火の車です」といったん同意します。そして、クロージングに入ったら、それを次のように覆《くつがえ》します。

「お客様は先ほど、不景気だからどこの家庭もお金がないとおっしゃっていましたよね。ただ、世の中の親御様たちは、景気の悪い時代だからこそ、お子様の教育にお金をかけるんです。私のおばあちゃんが母親にいつも言っていたことがあります。『あんたな、子供には教育だけは残してあげや。それが親の役目や。親はな、味噌なめてでも、塩なめてでも、子供に教育を残してあげなあかんねや』と、ずっと言っていました。今は昔と違って、どこのご家庭でもお子様を家庭教師か塾に通わせています。どこのご家庭でも教育費はかけられているんです。どうか、この機会にご決断ください」

このときのポイントは、「不景気なのでお金がない」という**契約から遠ざかろうとする意見に対して、最初は同意しておきながら、最後にひっくり返す**ことです。

また、「急いでいない」「今の問題が解決しなくても別にいいと思っている」という意見に対しては、クロージングのときに次のようにひっくり返します。

「お客様は先ほど『急いでいない』（もしくは『解決しなくてもいい』）とおっしゃいましたが、人が問題解決できない理由は、ひとつだけなんです。それは、スタートしないことです。スタートしないと、ゴールはありません。私はこの仕事を10年していますので、1000人以上の方にこの説明をしてきたのですが、結局、お話を聞かれる方は問題を抱えていらっしゃる方なんです。そういう方は、例外なく、まだスタートしていない方です。スタートしていないから問題があるわけです。私たち営業マンの仕事は、お客様の背中を押してスタートしていただくことです。私たちが説明させていただいてもスタートしなかった方が、半年後、1年後にスタートされたという話を、今まで聞いたことがありません。結局、スタートできない方は、いつまで経ってもスタートできない方なんです。ス

タートしないと、○○様の問題は絶対に解決しません。ですから、どうかこの機会にご決断ください」

気をつけるべきことは、プレゼンテーション中は議論を避けること。プレゼンテーションの目的は、あくまでも商品説明です。ここでお客様と議論になると、話はこじれてしまいます。ですから、商談序盤での議論を避けるために、プレゼンテーションではお客様の意見にいったん同意してください。そして、最後のクロージングのときに、その意見を覆すのです。

お客様の意見は、契約と関係のない意見と契約から遠ざかろうとする意見の2種類に分けられます。契約から遠ざかろうとするお客様の意見に対しては、きっちり覆すこと。契約とは関係のない意見には100％同意してください。リアクションも大きく取り、お客様を気持ちよくしゃべらせます。

話し上手より聞き上手――。お客様はしゃべればしゃべるほど、心がほぐれてきて、私たち営業マンの要求を受け入れやすくなるのです。

100%同意シート

契約と関係のない意見　→　100%同意 契約から遠ざかる意見　→　いったん同意し、あとでひっくり返す

（記入例）

契約と関係のないこと	契約から遠ざかること
大阪のたこ焼きより 東京のたこ焼きのほうがおいしい	サラリーマン家庭なので 金銭的に厳しい
男よりも女のほうが偉い	不景気なのでどこの会社も苦しい
コカコーラよりも ペプシコーラのほうがおいしい	円高なので予算が出にくい

あなたのターゲットに当てはめて、記入してください。

契約と関係のないこと	契約から遠ざかること

第3章

1分で納得させる「プレゼンテーション」

技術
15

先回り

お客様に決断を約束させる方法

「考えます」がなくなる3つの伝え方

　これから紹介する「先回り」という技術は、お客様に「考えます」を言いにくくさせる技術です。

　具体的に言うと、**最悪の状況に対して準備をしておく**ことです。例えば、雨が降りそうなときに、傘を持って家を出る。これも先回りです。雨に降られてずぶ濡れになるのが最悪の状況ですよね。傘を持って家を出ることで、最悪の状況を回避できるわけです。

　私も企業研修やセミナーで、「携帯の電源はオフにしてください」と事前に言っておきます。これも先回りです。

　相手にしてほしくない行動を事前に告知しておくこと——。これを「先回り」と言います。

では、営業における最悪の状況とは何でしょうか。

それは、お客様に「考えます」と逃げられてしまうことです。**お客様に「考えます」というセリフを言わせないためには、アポイントの段階で、事前に「考えますは言わないで！」と告知しておくことが重要**です。

みなさんも、お客様にアポイントを取ると思います。「明日の午後2時にお伺いします」「明後日の午後3時に会社にお伺いします」とアポイントを取った直後に、「先回り」のフレーズを言ってください。

伝えることは3つです。

ひとつは、**「話を聞いて気に入らなかったら、断っていただいてもかまいません」**と伝えてください。2つ目は、**「話を聞いて、もし気に入ったら、ぜひこの機会にスタートしてください」**と言います。それに対して、お客様が「はい」と返事をしたら、3つ目**「よろしいですか？」**と念押しをしてください。

これで約束が成立しました。**「話を聞いて、もし気に入らなかったら断ってもらう。もし気に入ったら契約してもらう」という約束が設定された**わけです。

アポイントの段階で事前にした約束のことを**「前提条件」**と言います。サッカーで言うと「ゴールキーパー以外は手を使ってはいけません」、バスケットボールで言うと「ボールを持ったまま3歩以上歩いてはいけません」など、はじめから決められた前提のことです。

物事には、はじめから決められた前提条件があります。

営業も同じです。プレゼンテーションをする側も、受ける側も、貴重な時間を割いています。私たち営業マン側からすれば、交通費も自腹で、さらに無料で説明に行くわけです。もちろん、商品を試していただいて、気に入らなかったら、断っていただいてもかまいません。ただ、答えはください。それだけのことです。

私たち営業マンの事前告知に対して、お客様が「はい」と返事をしたのであれば、私たちの無料説明に対して、お客様は買うのか買わないのかを答えなければいけません。それが、最初からの約束です。前提条件だからです。

納得できないオーラがお客様の背中を押す

この説明をすると、「『考えますは前提違反だ!』とお客様に言ったら、お客様と喧嘩《けんか》になってしまうんじゃないですか？」と思う人もいるかもしれません。

確かに、その通りです。お客様と喧嘩になってしまっては、取れる契約も取れなくなってしまいます。ですから、「お客様を責めろ」とか「話の筋道をお客様に説教しろ」とか言っているのではありません。

「先回り」で「前提条件」をお客様にきっちり伝えたという事実が、あなたの強いクロージングにつながるのです。アポイントの段階で、事前に先回りを仕掛けたあなた自身は、その前提条件をしっかりと認識しているはずです。すると、お客様の曖昧《あいまい》な「考えます」に対して、あなたは憤りを感じると思います。「無料で説明を聞いて、試しに商品を使ったのに、答えを言わない。それはないよね」「前提条件はしっかり設定したよね」という納得できない気持ちが生まれるはずです。

その**納得できないあなたの気持ち、その納得できないオーラがお客様を押す**のです。

お客様は、あなたの話を耳だけで聞いているのではありません。あなたの表情、声色《こわいろ》、態度など、あなたの発するエネルギーのすべてをお客様は五感で感じているのです。あなたの思い、あなたのオーラは、お客様に必ず影響を与えます。

この「先回り」の技術は、営業職だけではなく、さまざまな人間関係においても応用することができます。

例えば、恋愛で考えてみましょう。みなさんは、恋愛恐怖症という言葉を聞いたことがあると思います。この恋愛恐怖症は、35歳以上の未婚女性に多いと言われています。恋愛恐怖症の女性たちは、いったい何を恐れているのでしょうか。それは、男性の曖昧な答えです。交際しても結婚するのかしないのか、はっきりしない男性の態度を恐れているのです。まさに私たち営業マンが、お客様の曖昧な「考えます」に苛立《いらだ》ちを感じるのとよく似ています。お付き合いはしたけれど、最終的には結婚に至らずに終わった。これが恋愛における女性側から見た最悪の状況です。

でも、この「先回り」の技術を使えば、最悪の状況を回避できる可能性が高くなります。「先回り」とは、相手にしてほしくない行動を事前に伝えることでしたね。つまり、相手の男性に「土壇場で曖昧な態度は取らないでね」と、お付き合いする前に伝えて念押ししておくわけです。

例えば、このような感じです。

「私も35歳なので、年齢的にも結婚を意識しています。なので、お付き合いして、合わな

いと思ったら、早めに言ってください。合わない人同士が結婚することはできないので、そのときはお別れしましょう。でも、1年付き合ってみて、もし気に入ったら結婚してね」

相手の男性が、その事前告知を承諾した上で交際が始まったのならば、その交際の前提条件は「1年付き合ってみて、もし気に入ったら契約（結婚）する」となります。

この「先回り」は、相手にしてほしくない行動を防ぐ上で、とても効果的です。

恋愛においても、営業においても、話の前提条件を設定しておくことは、すごく大事なポイントなのです。「無料で話をする代わりに、答えはくださいね」という大義名分が、あなたのエネルギーを強くしてくれます。

お客様の答えは、3つしかありません。

「買います」「買いません」、そして「考えます」の3つです。

この3つの中の「考えます」を封じ込めるだけで、あなたの成約率は大幅に上がります。

「考えます」は、「先回り」で封じ込める。「前提条件」をしっかり設定して、お客様に「考えます」を言わせないようにしてください。

そうすれば、買うのか買わないのか、その場でケリがつく可能性が高くなります。

技術

16

環境設定

お客様が集中できる場所選び

成約率が高まる「環境のセットアップ」のルール

訴求というのは、「ご契約ください」「ご決断ください」「スタートしてください」というように、お客様の心にグサッと刺さるものです。言葉の暴力ではありませんが、お客様に武器を突き出しているようなもの。武器で相手を突く最後の一言なのです。

その最後の武器が弓矢だとすると、どんな環境で矢を放ったらいいでしょうか。

例えば、目の前にウサギがいたとすると、まず自分とウサギの距離が重要になってきます。近くにいるほうが当たりやすくなりますし、遠ければなかなか当たりません。

また、障害物が間にあるかないかも影響します。もしウサギの前に茂みがあったり、木の枝が邪魔をしていたりしたら、どんなに近くても当たりにくくなります。さらに、もし強い風が吹いていたら、放った矢が流されて、ウサギを取り逃がしてしまいます。

同様に、**クロージングが強い営業マンがいくら訴求をしたとしても、環境が悪いとお客様を取り逃がしてしまう**ことがよくあります。

ですから、**売れる営業マンほど、環境設定にこだわっている**のです。

では、どんな環境だと訴求が効果的になるのでしょうか。

例えば、あなたはお客様とファミリーレストランで商談をしていたとしましょう。ところが、通された席の隣では、数人の学生たちが騒いでいます。これでは、あなたの成約率は下がります。あなたの商談にお客様は集中できないので、大事な決定をすることができなくなるからです。

そういうときは、**「環境のセットアップ」**をします。

この場合であれば、席を替えてもらったほうがいいでしょう。

「すいません、ちょっと大事な話ですので、席を替えてもいいでしょうか？」とお客様に断り、店員さんに席の変更をお願いします。ちなみに、このようなお願いをするのも、訴求のひとつです。

また、席に座ったときに、お客様に日差しが当たっていると、どうでしょう。お客様は目をしばしばさせて、営業マンの話に集中できないのではないでしょうか。

そのような場合は、カーテンがあれば日よけをしたり、お客様と席を入れ替えたりするなど、「環境のセットアップ」をしたほうがいいでしょう。

お客様のほうから場所を指定される場合もありますし、こちらから場所を指定する場合もあります。指定された場所であれば、その中でベストな席、ベストな環境になるように配慮します。

こちらから指定する場合は、**商談しやすい場所をあらかじめピックアップしておく**必要があるわけです。

なぜ自分から見て左側は訴求が通りやすいのか

私は訪問販売でご自宅に上がらせていただくことも多いのですが、通された部屋がグチャグチャで資料を広げられない場合もあります。テーブルの上に雑誌が散らかっていることはよくありますし、夕食のカレーの皿が置かれていたり、カップラーメンの食べ残しがそのままになっていることもあります。

そういうときも、**「すいません。資料を広げられないので、ちょっと片付けてもいいでしょうか？」**と断って、環境を整えるようにします。

さらに、席の座り方にも、訴求のしやすい座り方、しにくい座り方があります。

家庭教師の訪問販売の場合、基本的にお父さんとお母さん、そして子供の３人が商談の場に同席されます。

これは経験則なのですが、**子供が両親の間、つまり真ん中に座っていると、訴求しにくい**のです。おそらく、クロージングをする対象が２つの方向に分かれるためだと、私は考えています。

そのような場合は、両親が固まって座ってもらうようにします。例えば、「すいません。お子様が前なので、お父様と席を替わってもらってもいいでしょうか？」と言って、席を替わってもらいます。

この場合、理由は何でもかまいません。「お子様が前なので」というよくわからない理由でも、要求をすれば、すんなりと席を替わってもらえます。

さらに言うと、クロージングの対象者であるお父さんとお母さんが、左斜め前になる位置がベストです。

心理学的に、**人は左からの攻撃に弱い**と言われています。多くの人は右利きなのですが、攻撃されたとき、利き腕で防御をする習性があるからだそうです。例えば、強盗がいきなりナイフを突き刺してきた場合、右側から来られるより、左側から来られるほうが怖いのではないでしょうか。

つまり、自分から見て左側は、敵対しにくい位置、訴求が通りやすい位置なのです。

細かいことですが、環境次第でかなり交渉しやすくなるはずです。少しでも成約率を上げたいならば、試してみてほしいと思います。

技術 17

論点固定

プレゼンテーションの目的を明確にする方法

答えを先延ばしにする言い訳を防ぐために

プレゼンテーションの前にしていただきたいのが、**「論点固定」**という技術です。論点固定をしておけば、その場でケリがつく確率が高くなります。契約間際の土壇場で、お客様に話をずらされたり、「考えます」と曖昧に逃げられる確率が下がるのです。

ですから、**話の序盤で論点を固定してから、プレゼンテーションに入る**ようにしてください。

では、プレゼンテーションにおける話の論点とは、いったい何でしょうか。

そもそもプレゼンテーションには、コストがかかります。話をする側も、話を聞く側も、時間や労力といったコストがかかっています。

なぜお客様はわざわざ時間を割いてまで、私たち営業マンの話を聞くのでしょうか。そして、なぜ私たち営業マンは、時間と労力をかけてまで、お客様に話をしに行くのでしょうか。

それは、それぞれに目的があるからです。

まず、お客様の目的は何でしょうか。

それは、自分自身の悩みを解決することです。お客様はさまざまな悩みを持っています。「ダイエットしたい」「英語を覚えたい」「もっと収入を増やしたい」など、解決したい悩みがあるからこそ、時間を割いてまで私たち営業マンの話を聞くのです。

では、私たち営業マンの目的とは何でしょうか。

それは、売ることです。

と言いたいところなのですが、実は**私たち営業マンの本来の目的は、お客様の悩みを解決すること**です。セールス業とは、お客様の問題解決業とも言われています。お客様の抱えている悩みや問題を解決する手段を、商品やサービスとして提供する仕事なのです。

ということは、お客様の悩みは、まだ解決していないわけです。なぜ、長年抱えていた悩みがまだ解決していないのか。

それは、その人がまだスタートしていないからです。そのお客様が、問題解決に対して動けていないからです。もし、あなたの目の前のお客様が、本気で英会話の勉強をスタートしていたら、その人はすでに英語を話せているはずです。

人が成功できない理由はただひとつ、スタートしないからです。

スタートしないと、お客様の問題は解決しません。でもお客様は、スタートすることを嫌がります。契約間際の土壇場になると、決断することから逃げるのです。「このままでいい」「そこまでやせたいとは思っていない」「別に英語が話せなくても生きていける」などと、答えを先延ばしにするための言い訳をしてくるのです。

でも、ちょっとおかしいですよね。そもそも「やせたいと思っていない」のであれば、「英語を話せなくてもいいと思っている」のであれば、お互いに時間を割いてまで話をする必要はなかったはずです。

それなのに、なぜこのような言い訳が通ってしまうのか。

それは、「論点固定」が甘いからです。

「論点固定」が甘いから、お客様に話をずらされてしまうのです。ですから、プレゼンテーションに入る前には、きっちりと論点固定をしてください。

お客様の悩みと問題を固定する

「論点固定」ですべきことは、2つです。

まずは、**お客様の抱えている悩みと問題を明確化**してください。問題とは、理想と現状のギャップです。お客様の理想と現状をきっちりと確認することで、お客様の問題は明確化します。

例えば、あなたがダイエットマシンの営業マンだったとしましょう。そして、目の前に座っているお客様の理想の体重が45キロ、現在の体重が60キロだったとします。理想と現状のギャップは、15キロになります。

この場合、お客様の抱える問題は「15キロやせること」になります。

次に、期間も決めます。お客様に「いつまでに15キロやせたいのか」を聞くのです。仮にお客様が「3カ月」と答えたのであれば、「3カ月以内に15キロやせること」が解決すべき問題であり、今回の話の論点になります。

このように、**お客様が解決したい問題を具体的な数字で聞き出すことがポイント**です。

そうすれば、お客様の問題は明確化します。

プレゼンテーションに入る前に、**「お客様の解決したい問題は、3カ月以内に15キロやせることでよろしいですね？」**と、しっかりと念押ししてください。紙に書いて明確化するのもいいでしょう。

「では、その問題を解決するための提案をさせてもらいますので、お話を聞かれて、この商品が○○様の問題を解決しうる商品だと思ったら、ぜひこの機会にスタートしてください」

それに対して、お客様が「はい」と答えたら、**「よろしいですか？」**と再度念押しをしてから、プレゼンテーションに入るようにしてください。

こうすることで、話の論点は固定できます。「今回のプレゼンテーションは、あなたの問題を解決するためにしているんですよ」「お互いに時間を割いているのは、その問題を解決することが目的なんですよ」という話の論点を固定して、そして念押しをしたことになります。

「論点固定」をしっかりとしておけば、お客様が契約の土壇場になって「そこまでやせたいとは思っていない」「別にこのままでいいと思っている」といった言い訳がしにくくなるわけです。

私たち営業マンも、お客様に対して「**3カ月以内に15キロやせるというのが、○○様と私たちの共通の目的のはずです。スタートしないと、問題は解決できません。どうかこの機会にご決断ください**」という訴求フレーズを打ちやすくなります。

お客様のスタートを後押しするためにも、プレゼンテーションに入る前には、この「論点固定」をしっかりとしておいてください。

「論点固定」をしておけば、買うのか買わないのか、その場でケリがつく確率が高くなるのです。

技術 18

利点話法

お客様にベネフィットを想像してもらう会話術

あらゆるセールスポイントをうまく伝える話し方

「営業マンは商品を売るな、利点を売れ」と言われています。

利点とは、その商品を使って得られるベネフィットのことです。

お客様が知りたいのは、商品のセールスポイントではなく、利点です。その商品の内容や特徴よりも、その商品を使えばどんないいことがあるのか、具体的にどんなベネフィットがあるのかに関心があるのです。

つまり、お客様はその商品を買っているのではなく、その商品を買って得られるベネフィット、利点を買っているわけです。

逆に、私たち営業マンは、その商品の専門家です。商品やサービスのことを知り尽くしているだけでなく、商品に深く酔いすぎている場合があります。ですから、私たち営業マンはプレゼンテーションの際、その商品やサービスの内容や特徴といったセールスポイントを強調してしまいがちです。

ここに、**売り手と買い手のギャップ**が生まれるわけです。

いくらその商品が優れていたとしても、**お客様がその商品を買って得られるメリット、利点が想像できなければ、お客様は商品を買いません。**

ですから、その商品のセールスポイントを伝えるときには、そのあとに必ず利点も付け加えるようにしてください。

セールスポイント＋利点

これが、「利点話法」の基本形になります。

例えば、あなたが化粧品のセールスマンだったとします。美容液をお客様に売りたい場合、**「うちの美容液は、低分子なので吸収率がいいんです」**というセールスポイントのあとに、**「だから、クリアな透き通るお肌が手に入るんです」「だから、お肌がプルプルにな**

るんです」という、お客様が得られる利点を付け加えてください。

また、あなたが電化製品のセールスマンだったとします。ビデオカメラをお客様に売りたい場合、**「この手ブレ補正機能が抜群に強いんです」**というのがセールスポイントだったとすると、**「動きながらの撮影も可能なので、お子様の運動会などで臨場感のある映像が撮影できるんです」**という利点もしっかりと付け加えてください。

法人の保険営業の場合であれば、**「節税の目的で保険に入られる企業さんが多いです。この保険だと、全額損金で計上できます」**というセールスポイントのあとに、**「だから、御社が国に払う税額は確実に減ります」**という利点を付け加えます。

個人の保険営業ならば、**「この保険は貯蓄型になります」**というセールスポイントに、**「老後の資金としてもご利用いただけるので安心です」**という利点を付け加えます。また、掛け捨ての保険の場合は、**「この保険は掛け捨てなので、掛け金が安くなります」**（セールスポイント）＋**「月々の掛け金は安くても、いざというときには１０００万円のお金を家族に遺《のこ》せるので安心です」**（利点）という感じになります。

このように、利点を付け加えることで、お客様に商品の良さが伝わりやすくなります。

そうすれば、あなたの商談の成約率も上がっていきます。

日常生活でも「利点」を意識する

この「利点話法」の技術は、普段の生活の中で商品の利点をしっかり意識しておくことで上達していきます。インターネットや雑誌に出ている広告を見ているだけでも、とても勉強になります。

大手企業の広告の文章は、セールスライターが書いている場合が多々あります。多くの広告では、セールスポイントのあとに、「だから○○になれるんです」という「セールスポイント＋利点」の基本形が守られています。

テレビＣＭの場合では、「利点」しか言っていない場合もあります。

例えば、シャンプーのＣＭでは、髪が長くてきれいな芸能人が出てきて「しっとりさらさら」と言って終わるものもあります。

本来なら、「このシャンプーは、○○成分が配合されていて、その○○成分の効果で、あなたの髪をさらさらにするんです」といった詳細な説明があるはずです。

でも、大手企業は「買い手は利点にしか反応しない」ということをわかっています。また、15秒間という短いCMの中で伝えられることは限られています。

つまり、短い時間でお客様に「買いたい！」と思わせるには、利点だけあれば十分なのです。

みなさんも、常に利点を意識してください。

繰り返しますが、**お客様が知りたいのは、セールスポイントよりも利点**です。

商品やサービスの内容がどれほど良くても、お客様は利点を想像できなければ、その商品を買うことはありません。

だから、「営業マンは商品を売るな、利点を売れ」と言われているのです。

利点（ベネフィット）シート

（記入例）

セールスポイント	だから　利点（ベネフィット）
返金制度	安心
完全個別マンツーマン指導	成果が高い
糖質0%	太らない
30種類以上のカードを使ったクロージングマニュアル研修	それぞれの商品やサービスに合わせたクロージングマニュアルが完成する
売り手 商品・サービスを売っている　⇔ **ギャップ** ⇔	**お客様** 利点（ベネフィット）を買っている

あなたの商品に当てはめて、記入してください。

セールスポイント	だから　利点（ベネフィット）

技術 19

比較話法

都合のいい比較で商品の良さをアピールする方法

「相手の無意識比較」を「自分都合の比較」に変える

プレゼンテーションの目的は、お客様に商品の良さを伝えることです。

いかに上手にお客様に商品の良さを伝えるかで、あなたの成約率は大きく変わってきます。そして、お客様に商品の良さを伝えるとき、絶対に注意してほしいことがあります。

それは、**比較**です。

その**商品の良さは、比較することでしか、お客様は認識できない**のです。

例えば、ある人がヒルトンホテルに行ったとします。その人が「ヒルトンホテルは、すごくいい」と思ったとします。この時点で、この人の頭の中では、比較が起こっています。

ヒルトンホテルと他のホテルを比べているわけです。

「やっぱりヒルトンホテルは最高だ」「部屋もきれいだし、接客もすごくいい」など、比較したからこそ、そのホテルの良さが認識できたわけです。

「今までの人生で、一度もホテルに泊まったことがない人は、どうなるんですか？」「比較対象がない場合はどうなるんですか？」と思う人もいるかもしれません。

でも、比較対象がない場合でも、比較は起こります。今までの人生で一度もホテルに泊まったことがない人でも、「今までのホテルがなかった生活」と「ホテルがある生活」を比較しているのです。「やっぱりホテルのベッドってやわらかい」「トイレもきれいだし、お風呂も広い」「やっぱりホテルはすばらしい」となるわけです。

みなさんも、比較対象がない場合でも、無意識に比較したことがあるはずです。

例えば、今は多くの人がスマホを使っています。でも、昔はガラケーを使っていたのではないでしょうか。ｉＰｈｏｎｅが日本で発売されたのは、２００８年のこと。世の中にスマホが普及し出したのが２０１１年と言われています。

私も２０１１年ごろに、ガラケーからスマホに切り替えました。それまでは世の中にスマホはありませんでした。でも、私がはじめてスマホを使ったとき、ガラケーとスマホを自然に比較していました。「スマホってすごい」「検索もすぐできるし、グーグルマップも見やすい」「ガラケーよりも断然いい」と思いました。

つまり、私の頭が勝手にガラケーとスマホを比較したわけです。

このように、**比較対象がない場合でも、比較は起こる**のです。

そして、私たちは比較することでしか、その商品の良さを認識できないのです。

ということは、あなたの商品も、お客様に必ず比較されるわけです。そこで、絶対にしてほしいことがあります。

それは、**お客様が無意識にする比較を、あなたにとって都合のいい比較に変える**ことです。

そうすれば、あなたの商品の魅力は上がります。あなたの商品のことを「一番いい！」と思ってもらえる確率が上がるわけです。

具体的にどうすればいいのでしょうか。

お客様が比較してくるポイントは2つあります。

それは、「商品の価格」と「商品のレベル」です。

あなたの商品の価格は、他の類似商品と比べて、高いのか安いのか――。

あなたの商品のレベルは、他の類似商品と比べて、高いのか低いのか――。

この2つのポイントに焦点を合わせて、あなたに都合のいい比較を作ってください。

まず、あなたの商品よりも価格の高い商品を探します。2社くらい見つかるとベストです。そして、他社商品の価格を、あなたの商品の料金説明をする前に提示します。

「A社の商品は70万円です。B社の商品は62万円です。弊社の商品の価格は、48万8000円です。どうかうちの商品をお買い上げください」

こうして「うちの商品が一番安いですよ」という比較を作っておくわけです。

次に、あなたの商品よりもレベルが低い商品を探します。これも2社ほど見つかれば十分です。

「C社の商品は、この不具合に対応できません。D社の商品は、日本製ではないので、エラーが発生しやすいです。弊社の商品であれば、先ほど説明したすべての不具合を解決で

きます。どうかうちの商品をお買い上げください」

このように、あなたの商品よりもレベルの低い商品を引き合いに出すことで、あなたの商品のレベルの高さをアピールします。

あなたの商品が勝つ部分だけを提示すればいい

念のために述べておきますが、あなたの商品よりもレベルの高い商品は引き合いに出さないでください。その商品が登場すると、あなたの商品は負けてしまいます。**あなたの商品が勝つ部分だけを提示すればいい**のです。

自分たちの商品よりも価格が高い商品を2社選び、レベルの低い商品を2社選ぶわけですが、選んだ2社の商品が価格が高く、しかもレベルが低い場合はあまりありません。その場合は、**価格で勝負するのか、レベルで勝負するのかをあらかじめ決めて、ひとつに絞る**ほうがいいでしょう。

つまり、価格で勝負する場合は、自分たちの商品よりも価格の高い商品を2社選び、レベルで勝負する場合は、自分たちの商品よりもレベルの低い商品を2社選ぶということです。あくまでも、あなたにとって都合のいい比較を作ることがコツです。

中には、「うちの商品の価格は、同業他社の中で一番高いんです」と言う人もいると思います。その場合は、価格の比較を出す必要はありません。おそらく、価格で勝負をしない商品だからです。

実は、私の研修会社も価格で勝負をしません。でも、しっかりと契約はいただいています。うちと他の研修会社を比べていただければわかるのですが、世の中にはちゃんとした営業研修はほとんどありません。例えば、名刺の渡し方やお辞儀の仕方など、本当は意味のない営業研修ばかりなのです。

それに比べて、うちの営業研修は、とにかく具体的です。あなたの商品に当てはめたプレゼンテーションシナリオ、クロージングマニュアルが、研修期間できっちりと完成します。だから、抜群に成果が上がります。

ですから、みなさんも勝てる部分だけで勝負してください。あなたに都合のいい比較を起こすのです。そうすれば、あなたの成約率は大幅にアップします。

ベネフィット比較シート

比較の法則：人は比較することでしか商品の良さを感じられない

（記入例）

他社の商品・サービス ➡	だけど セールスポイント ➡	だから　ベネフィット
原価が800円以上	原価が434円	儲かる
機械・溶液のエビデンスがない	機械・溶液のエビデンスがある	国が認めた保証があるので安心
保証年数が1～2年	5年保証	機械に不具合があっても安心
光の強さが40W	光の強さが55W	1回で効果を実感できる
導入後フォローがない	導入後フォローが充実	トラブルが起こっても安心
オーラルケア店販商品がない	オーラルケア店販商品がある	単価UPできる
ポータルサイトがない	ポータルサイトがある	新規集客できる
芸能人のブランディングなし	芸能人のブランディングあり	お客様の信頼を得られる
集客やリピートのノウハウがない	集客やリピートのノウハウがある	販促活動がスムーズ
CSVをやっていない	CSVに取り組んでいる	社会貢献にもなる
ディプロマがないor有料	ディプロマがある(無料)	お客様の信頼を得られる

あなたの商品に当てはめて、記入してください。

他社の商品・サービス ➡	だけど セールスポイント ➡	だから　ベネフィット

技術

20

体感誘導

お客様に体感させて契約に持ち込む技術

人は商品を試すと絶対的に欲しくなる

「人は、感動によってのみ動く」という言葉があります。

人は感じて動く――ということですね。

そのため、**プレゼンテーションにおいては、イメージさせること、想像させることが大切**だと言われています。なぜ、イメージさせることが大切なのでしょうか。

それは、お客様に商品の良さを感じてもらうためです。

これが、イメージングというテクニックです。人は、想像したことをそのまま感じます。

例えば、怖い話をすると恐怖を感じてくる。楽しい話をすると、楽しさを感じてきます。

人は想像したことをそのまま感じるわけです。

セールスにおいても、同じことが言えます。**お客様にその商品を使った状況を想像してもらうことで、その商品の利便性やベネフィットを感じてもらいやすくなる**のです。

お客様にイメージさせることは、すごく大切なことです。

そして、イメージよりもさらに強烈なのが体験です。体験には、想像やイメージとは違い、リアルな体感があります。**お客様に商品を使ってもらうことが、一番お客様の感情を発生させやすい**のです。

お客様の感情を発生させることができれば、その商談の成約率は上がります。なぜなら、お客様は感情によって動く、要するに感動で動くからです。

お客様の体感を発生させて、契約に誘導する方法を**「体感誘導」**と言います。

体感誘導は、多くの場所で使われています。例えば、アパレル業界。どこのショップでも、販売員の人たちはお客様に試着させることに必死です。「一度試着なさってください」「どうか試着してみてください」と試着をさせてきます。

なぜなら、試着をさせたほうが、成約率が上がることを知っているからです。たとえ販売員が上手に商品説明をしたとしても、試着させた場合と試着させなかった場合では、大きく成約率が変わります。

お客様は、商品を使うから欲しくなるのです。

心理学の世界では、「感情は行動のあとに起こる」と言われています。「悲しいから泣く」のではなく「泣くから悲しくなる」、「楽しいから笑う」のではなく「笑うから楽しくなる」わけです。

お客様も「商品を欲しいから使う」のではなく、「商品を使うから欲しくなる」のです。商品を使うことで、欲しいという感情が起こりやすくなるわけです。

ですから、プレゼンテーションでは、**できる限り商品をお客様に使わせてください**。私たちの訪問販売会社でも、学習教材のプレゼンテーションの際には、お客様に必ず教材を手に取っていただいて、お客様自身に実際にページをめくってもらっています。

もしあなたの商品が自転車型のダイエットマシーンや工場の機械、重機など、大きい場合はどうしたらいいでしょうか。

その場合、**その商品を使ってもらう動作をしてもらう**だけでも効果があります。その工場の機械を実際に使ってもらう動作をしてもらう、そのダイエットマシーンにまたがってもらう動作をしてもらう。それだけで、お客様の感情は湧くのです。

動画を見るとお客様の感情が動く理由

また、**動画を見せる**ことも効果的です。

うちの会社でも、営業研修をお勧めする際には、お客様に研修風景の動画を見てもらいます（YouTubeで、「即決営業　研修風景」で検索すると出てきますので、一度見てみてください）。

実際に当社の研修を受けたことがない人でも、この動画を見ると「即決営業の研修って、こんな感じなんだ」と感じることができます。

この動画は、本当に効果が高いのです。お客様に動画を見せると、脳の中のある部分が反応します。それは、**「ミラーニューロン」**と呼ばれているものです。

ミラーニューロンとは、自分がその行為をしていなくても、目の前の誰かがした行為に対して同じように反応する神経細胞です。この**ミラーニューロンが反応すると、お客様の感情が動きます**。

例えば、みなさんも次のような経験があると思います。

テレビでオリンピックを見ていて、日本人選手が金メダルを取ったとき、自分のことのように喜んだこと。映画の中の登場人物が泣いているのを見て、自分も同じように悲しい気持ちになったこと。このように、映像を見ただけで、あなたのミラーニューロンが反応した経験があるはずです。

また、自動車教習所の授業や運転免許の更新のとき、事故の動画を見せられたことがないでしょうか。対人事故を起こしてしまい、任意保険に入っていないために、1億円もの賠償金が発生する。賠償金を払えずに、結果的に自己破産になり、一家離散になる。そういう動画を見せられたことがあると思います。

そのとき、どう思ったでしょうか。おそらく、「事故を起こさないようにしよう」、もし事故を起こしたときのために「保険に入っておこう」と思ったのではないでしょうか。

これも「体感誘導」です。みなさんのミラーニューロンが反応したのです。

同じように、**保険の営業でも、保険に入っていなかったときのリスクを動画や写真、事例、ストーリーで示す**ことができます。

可能であれば、動画が一番効果的です。ぜひ、お客様のミラーニューロンが発動しやすい動画を作ってください。

また飲食店でも、壁がガラス張りになっている店があります。店の中の様子が外から見えるので、お客様のミラーニューロンが反応しやすいのです。「この店、サラダバーがあるんだ」「あのソファかわいいな」「デートにちょうどいいかも」というふうに、自分が店に入った場合のことを勝手に想像するのです。

このように、**プレゼンテーションをする場合は、お客様に実際に商品を使ってもらうこと、そして動画や写真を見せてお客様のミラーニューロンを反応させることが、とても大切になってきます。**

お客様には、とにかく商品を使わせてください。とにかく商品を触らせてください。

もしそれが無理な場合でも、動画や写真を使ってお客様のミラーニューロンに訴えてください。

お客様の体感が起これば、契約に誘導できる確率が確実に高くなります。

技術
21

仮定法

契約というゴールに寄せる話術

訴求する前に契約の「組み合わせ」を仮に決めておく

「すべての発明は、仮説から始まる」という言葉があります。

飛行機、テレビ、パソコン、スマホ、冷蔵庫など、私たち人類はあらゆる発明をしてきました。「仮に空を飛べたとしたら、どうだろうか？」「仮に携帯電話がパソコンになったらどうだろうか？」など、「仮に○○だったとしたら」という仮説を立てることで、私たち人類は夢に近づき、その夢を実現してきたわけです。

そして、この項でお伝えする技術は、**「仮に○○だとしたら」という仮説形式の質問を使って、お客様をゴールの側まで誘導する「仮定法」という技術**です。

私は今までに多くのトップセールスマンを見てきました。その人たちは例外なく、「仮定法」を使うのが上手でした。**トップセールスマンは、「仮定法」を使ってお客様をゴールの側まで誘導することがうまい**のです。

サッカーやバスケットボールなどの球技で言われている鉄則があります。

「シュートはゴールの近くから打て」

ゴールの近くからシュートを打ったほうが、得点になる可能性が高くなるからです。

セールスでも同じことが言えます。ゴールの近くから訴求をするほうが、あなたの成約率は圧倒的に高くなります。

セールスにおけるゴールとは、「契約」のこと。この「契約」には、さまざまな「組み合わせ」があります。「組み合わせ」とは、100万円のフルセット契約なのか、それとも30万円のミニマム契約なのか、クレジットカード払いの契約なのか、銀行振込払いの契約なのか、一括払いの契約なのか、分割払いの契約なのか、といった契約の形のことです。

どの形の契約にするかの「組み合わせ」を決めなければ、契約することはできません。

ですから、お客様に「どうかこの機会にご決断ください」と**訴求をする前に、契約の「組み合わせ」を決めておく**必要があります。

契約の「組み合わせ」を決める行為のことを、私たち即決営業では「ゴールに寄せる」

と言っています。

私が運営している家庭教師と学習教材のセット販売の営業会社で、合言葉になっている言葉があります。

それは、**「クロージングは、ゴールに寄せてから」**――。

この会社の設立当初は、私も営業部の最前線で働いていましたので、各支店の営業マンから電話で営業報告を受けていました。報告電話を受けていて、気づいたことがあります。

それは、**売れない営業マンは、お客様をゴールの側まで誘導できていない、つまりゴールに遠い場所から訴求をしている**のです。

例えば、こんな感じで報告を受けます。

「はい、お疲れ様。どうだった？」

「すいません、アウトでした。お父様が出張で不在でして、後日返事になってしまいました」

「あぁ～、お父さんが不在で後日返事……。了解、わかった。それで、もし仮に契約になるとしたら、何教科契約になる感じ？　5教科契約？　それとも3教科契約？」
「いや、まだそこまで決まっていないです」
「え？　今何て？」
「いや、どのコースで契約するかまでは、まだ決まっていないです」
「どのコースで契約するかは、まだ決まっていないって!?」

これが、売れない営業マンの典型的なパターンです。**もし契約するとしたら「どのコースで契約になるのか」、という契約の「組み合わせ」が決まっていない**のです。契約の「組み合わせ」が決まっていないということは、その営業マンがゴールの側まで寄れていない証拠です。

もし現在、あなたが営業部長やマネージャーといった営業部を管理する立場の人なら、この点を一度チェックしてみてください。

おそらく、成約率の低い営業マンは、契約が取れないどころか、お客様をゴールの側まで誘導することさえできていないはずです。

先ほども述べたように、お客様に訴求を打つ前には、必ず契約の「組み合わせ」を決めておいてください。繰り返しますが、クロージングは、ゴールに寄せてから打つことです。

相手を自在に誘導する「仮説形式の質問」とは

お客様をゴールに寄せるには、この質問を使ってください。

「仮に契約するとしたら……」

「仮に契約するとしたら」というフレーズは、とても強烈なフレーズです。お客様が「考えます」「ちょっとまだわからないです」といった曖昧な返事をしてきたとしても、この**仮説形式の質問をすることで、お客様は強制的にゴールに寄せられていきます**。

例えば、お客様が「考えます」「ちょっとまだわからないです」と言ってきた場合、次のようになります。

「あ、まだちょっとわからないですよね。お気持ちはよくわかります。ただ、仮に契約す

るとしたら、どのコースになりそうですか？」

「う～ん、ちょっとまだわからないなぁ」

「ですよね。ただ、仮に契約するとしたらです」

「う～ん……。まぁ仮に契約するとしたら、やっぱりフルセット契約かな……」

「あ、やっぱりフルセット契約ですよね。ありがとうございます。あと、仮にこのフルセットで契約された場合、支払い方法はどうなりそうですか？」

「あぁ、支払い方法はクレジットカードかな」

「クレジットカード払いですね。ありがとうございます。あと、クレジットカードでお支払いいただいた場合、支払い回数は何回になりそうですか？」

「支払い回数は、一括ですね」

「一括払いですね。ありがとうございます」

このように、「仮定法」を使うことで、仮に契約するとしたら、「フルセット契約」で「クレジットカード一括払い」という契約の「組み合わせ」が確定するわけです。

「仮に契約するとしたら」という質問にお客様が答えていくことによって、お客様は契約

というゴールにどんどん寄せられていくのです。

また、アポイントを取るときにも、この「仮定法」は有効です。

私は自社の営業マンたちに、**「曖昧なアポイントはアポイントではない」**と、いつも言っています。

もしお客様が「また今度お話を聞かせてください」「今後、詳しく聞かせてくださいね」など、フワッとしたことを言ってきたとします。この場合、そこで終わってしまってはいけません。**きっちりと日時を確定しないと、アポイントではない**のです。

ここで「仮定法」を使って、きっちりと日時を確定してください。例えば、次のような感じです。

「ありがとうございます。では、仮にお時間をいただけるとしたら、今週か来週、どちらがご都合がつきやすいですか？」

「あぁ～、今週はちょっと忙しいから、来週かな……」

「来週ですね。ありがとうございます。仮に来週でお時間をいただけるとしたら、火曜日

と水曜日、どちらのほうがご都合がつきやすいですか？」

「あ～、火曜と水曜なら、水曜のほうがありがたいかな……」

「水曜日ですね。ありがとうございます。来週の水曜日だと、午前中と午後、どちらのほうがご都合がつきやすいですか？」

「午前中のほうがいいかな」

「午前中ですね。午前中なら、10時くらいで大丈夫ですか？」

「うん、10時で大丈夫です」

「ありがとうございます。では、来週の水曜日、午前10時にオフィスのほうに伺わせていただきますので、どうぞよろしくお願いいたします」


訴求をする前に、その契約の「組み合わせ」を決めること。そして、**アポイントの訴求をする前にも、日程と時間の「組み合わせ」を決める**ことが重要です。

すべての訴求は、ゴールに寄せてからなのです。

仮定法シート

仮定法フレーズ：仮に○○するとしたら

（記入例）

仮定法フレーズ
仮にご契約されるとしたら
仮にお切り替えされるとしたら
仮に導入されるとしたら
仮に無料体験を受けるとしたら
仮にお話を聞かれるとしたら
仮にご来店されるとしたら

あなたの商品に当てはめて、記入してください。

仮定法フレーズ

第4章

1分で決断させる「クロージング」

技術
22

決めつけ

お客様に強く契約を迫る心の準備

商談の前に必ずやっておくべきこと

これからお話しする「決めつけ」は、とても大事なことです。しっかりとあなたのマインド設定ができていないと、成約率が落ちてしまいます。ですから、**自分の心の中できっちりと「決めつけ」を設定してから、商談に臨んでください。**

そもそも私たち営業マンが誰かにセールスをする場合、ある程度決めつけないといけないことがいくつかあります。

例えば、代表的なケースでは「お金がない」というのがあります。この「お金がない」ということを理由に、即決から逃げようとするお客様が多くいます。

「お金がない」と言うお客様は、本当にお金がないお客様もいれば、本当はお金があるけれど「お金がない」と言っているだけのお客様もいます。

本当にお金がないお客様は、私たちがセールスする高額商品を買えませんし、契約することはできません。

でも中には、本当はお金があるけれど、「お金がない」と言っているだけの人もいるのです。嘘をついている人もいるわけです。もしくは「貯金が1000万円以上もあるけれど、定期預金だから崩したくない。だからお金がない」と言ってくる人もいます。

判断できないことは勝手に判断しない

私たち営業マンが絶対にしてはいけないことがあります。

それは、判断です。**その人が本当はお金がある人なのか、本当にお金がない人なのかという判断をすること自体が間違った行為**なのです。

なぜなら、それはわからないことだからです。ですから、判断しないで決めつけることが大事になってきます。「このお客様、お金を持っているのかな?」「このお客様、お金を持っていないのかな?」という判断は絶対にしないでください。

「この人はお金を持っている！」と決めつけて、押し続けることが大事です。

例えば、マンションの商談の場合、「お金がない」と言うお客様に対して、次のように決めつけて言います。

「そもそもお金がない人は、マンションの話を聞かないんですよね。マンションは、1万円や2万円では買えないじゃないですか。最低でも1000万円はするものですよね。私は、これまで10年ほどこの仕事をしてきて、1000人くらいの人に説明してきましたが、その中には確かに『お金がない』とおっしゃる人もいました。でも、その人たちは実はお金を持っていたんです。本当にお金がないのであれば、マンションの話を聞かないと思うんですよね」

このように言うと、お客様が「うん。確かにその通りですね」と言う場合があります。

マンションの商談でアポイントを取っている以上、「お金がない」という話はありえません。

家庭教師の訪問営業でも、お金がない人はそもそも話を聞かないものです。家庭教師をつけてあげられないのに、子供の前で話を聞くわけがないからです。

多くのお客様は、「お金がない」と嘘をついているだけ。そういうお客様に「お金がないわけがないですよね」と聞くと、「確かに」と言うお客様がいることを覚えておいてください。

ただ、お客様が想定していた金額よりも高い場合もあります。その場合は、**実際に払える金額を模索して、分割払いなどを提案**します。

「契約してください」の一言が言えない人は、弱虫営業マンです。意気地《いくじ》なしです。好きな女の子に告白できない意気地なしの少年と同じです。「告白したら断られるんじゃないかな?」「嫌われるんじゃないかな?」という勝手な判断をして、告白を諦めるのと同じです。

結果が出る前に判断しないでください。結果が出る前に、諦めないでください。物事は始める前から答えを知ることはできません。

つまり、**判断できないことを判断してはいけない**、ということです。

勝手な判断があなたの諦めを生み、あなたの成約率を下げるのです。

お客様のリアクションも同じです。お客様のリアクションが弱いと、強く契約を迫れない営業マンがいます。

「この人、ちょっとリアクション弱いなぁ」「リアクションが悪いから、どうせ押しても契約しないだろうなぁ」「どうせ断られるだろうなぁ」などと、結果が出る前に自分勝手な判断をして、お客様に契約を迫れない。「契約してください」の一言が言えない。

こういう営業マンは、かなり多いのです。それでは、なかなか成約率が上がりません。

お客様は基本的に、私たち営業マンにいい顔をしてくれません。お客様は、私たち営業マンを警戒しています。「いい顔を見せたらダメ」「いい反応を見せると付け込まれる」「反応がいいと売り込まれてしまう」というふうに警戒しているわけです。

でも、私たち営業マンは、お客様の悪いリアクションに負けてはいけません。なぜなら、**反応が悪くても契約してくれるお客様は多い**からです。

本当は私たちが勧める商品が欲しいのに、わざと欲しくないフリをして反応を悪く見せているお客様もいるのです。

ですから、お客様の態度に惑わされないようにしてください。

大事なポイントは、あなたの行動をあらかじめ決めつけておくことです。あなたが決めつけた行動を最後まで貫いてください。お客様のリアクションが良くても悪くても、あなたの決めつけた行動を最後まで貫くのです。

この「決めつけ」が、あなたの成約率を大幅にアップしてくれます。

クロージング戦略シート

（記入例）

買わない理由	買わない理由を解消する	事前につぶす
お金がない	分割払いを提示	アポイント設定時に購入金額所持者かどうか確認
時間がない	音声・動画商品の購入を勧める	アポイント設定時に時間がある人かどうか確認
他の商品・サービスを受けている	他の商品内容に自社商品を当てはめて、両方の商品の価値を上げる	アポイント設定時に他社商品との組み合わせを事前告知
妻・旦那に相談する	相談させない(妻・旦那には内緒にさせる)	アポイント設定時に、妻・旦那との同席商談設定をする

あなたの商品に当てはめて、記入してください。

買わない理由	買わない理由を解消する	事前につぶす
お金がない		
時間がない		
他の商品・サービスを受けている		
妻・旦那に相談する		

技術
23

曖昧の法則

クロージング・シグナルを見逃さない方法

ほとんどの人は迷っている状態である

まず理解していただきたいことがあります。

それは、**世界中のお客様は全員、曖昧だ**ということです。

ですので、**お客様の100%のYESを欲しがってはいけない**のです。

みなさんは、このような経験はないでしょうか。例えば、あなたが繁華街を歩いていて、お腹が減ってきた。「あぁ、お腹が減ったなぁ。何か食べようかな……。パスタを食べようかな、それともお寿司にしようかな、焼肉にしようかな……」というふうに、お腹が減ってきたときに「何を食べようか」で迷った経験はないでしょうか。

このときのあなたは、100%の意見を持っていません。つまり、曖昧なのです。

「お腹が減ってきた」というニーズが上がると、人は迷うのです。

そもそも100％の意見を持っている人は、ほんのわずかしかいません。

例えば、百貨店に来ている人たちは、ほとんどの人が何を買うか決まっていません。要するに、100％の意見を持っていない「曖昧」な人たちなのです。何となく、その店に来ているだけの人たちです。


もしあなたがパスタ屋さんを経営しているとします。パスタ屋さんを新宿や池袋といった繁華街にオープンしたとします。あなたは、自分のパスタ屋さんにたくさんのお客様に入ってきてほしいと思っています。

店の前にはたくさんの人が歩いていますが、この人たちはお腹は減っているけれど、何を食べたいか決まっていない「曖昧」な人たちです。「パスタでもいいし、焼肉でもいい。お寿司でもいいし、ファミリーレストランでもいい。もう何でもいい」という曖昧な意見を持った、曖昧なシグナルを出しています。そういう人たちが、あなたのターゲットになるわけです。

曖昧なサインこそ相手に決断させるチャンス

営業も同じです。**私たち営業マンがどれだけお客様に上手なプレゼンテーションをしたとしても、どれだけ商品の良さをお客様に伝えたとしても、お客様のニーズが100％まで上がることはありません。**

お客様は、私たち営業マンからプレゼンテーションを受けます。プレゼンテーションを受けると、お客様のニーズは上がります。そして、お客様のニーズが上がると、お客様は迷います。

ニーズが上がると、買うのではなく、まず迷うのです。

私たちがお腹が空いたとき、何を食べようかと迷うのと同じように、お客様もニーズが上がれば上がるほど、迷って迷って曖昧な状態になるのです。

お客様は、曖昧な状態になると、すぐに「考えます」と言います。もうそればかり言います。なぜなら、お客様の心が曖昧だからです。意見が決まっていないからです。

このときのお客様の心は、バランスを崩しています。買いたい気持ちが70％、買いたくない気持ちが30%かもしれません。逆に、買いたい気持ちが20%で、買いたくない気持ちが80%かもしれません。

パーセンテージは、お客様や状態によってまちまちですが、ただひとつ言えることがあります。それは、お客様の意見は完全な状態ではない、曖昧な状態だということです。

お客様が曖昧な状態になることを、**「クロージング・シグナル」**と呼んでいます。

ここでお客様に最後のひと押しをする。**お客様が「クロージング・シグナル」を出して揺れているときこそ、クロージングのチャンス**です。ここで最後のひと押しをするのが、私たち営業マンの仕事なのです。

ですから、お客様が迷っているとき、つまり「クロージング・シグナル」を出しているときは、ピンチと捉えるのではなく、チャンスと捉えてください。

私たち営業マンの別名は、「クローザー」です。「クロージング・シグナル」を出しているお客様に対して契約を迫ること。「どうかこの機会にスタートしてください」「ご決断ください」と迫ることこそが、私たちクローザーの仕事なのです。

ところが、このことをわかっていない営業マンが大勢います。私がしている即決営業セミナーの受講生に、「私はお客様に100%欲しいと思ってもらってから売りたいんです」

と言う人がいました。気持ちはよくわかりますが、お客様はその商品をどれだけ欲しいと思ったとしても、「考えます」と言うのです。どれだけその商品に魅力を感じたとしても、曖昧なシグナルしか出さないのです。

だからこそ、そこで最後のひと押しをしてあげること。それが私たちの使命なのです。

お客様はなぜ迷うのか——。それは、その商品が欲しいからです。人は欲しくないもので迷うことはありません。**その商品を買うのか、買わないのかで迷うということは、その商品が欲しい証拠**なのです。

ですから、お客様が迷ったときがチャンスです。そこできっちりとクロージングを仕掛けてください。

一番大事なのは、**タイミング**です。お客様の完全なYESは期待しないでください。完全なYESを待っていたら、いつまで経っても契約書は出せません。契約を取れるタイミングを逃してしまいます。チャンスのタイミングは消えてしまうわけです。

世界中のお客様は全員が曖昧です。お客様が迷ったときこそチャンスです。クロージング・シグナルを逃さないでください。クロージング・シグナルに対して、必ず契約を強く迫ってください。それが、私たち営業マンの使命なのです。

技術 24

サムライの法則

お客様に真剣になってもらう方法

後日返事で成約する確率は10％以下

　これから紹介する「サムライの法則」は、お客様にその場で答えをもらうためのものです。営業において、その場でケリをつけることは大切です。そうでないと、成約率は大幅に下がってしまうからです。

　なぜ、その場でケリをつけないと、成約率が下がってしまうのでしょうか？

「お客様がその商品を本当に気に入っているのであれば、別にその場でケリをつけなくても、後々契約になるのではないか？」と思う人もいるでしょう。

　しかし、それは間違っています。例えば、私が経営する訪問販売会社の場合、「考えます」と言って逃げてしまったお客様が、後日「やっぱり契約します」と帰ってくる可能性はほとんどありません。

もちろん、商材や業種によると思いますが、私たちが企業研修で入らせていただいている生命保険会社、その他の営業会社の場合でも、**その場でケリがつかなかった商談が後日返事で契約になる確率は、10%以下**です。

ですから、私たち営業マンの立場からすると、その場でケリをつけることが重要になってきます。

この本を読んでいる人の中には、営業職を経験されたことがない方もいるかもしれません。営業未経験の人たちは、「買うのか買わないのかを決めるのは、お客様なんじゃないの？」「お客様のペースでゆっくりと考えてもらってから、答えを出してもらえばいいんじゃないの？」と思うことでしょう。

確かに、言いたいことはよくわかります。ただ、その意見は「買い手側」の意見です。その意見を通してしまうと、ほとんどの場合が「考えます」で終わってしまいます。つまり、あなたの成約率は下がってしまうのです。

ですから、**私たち「売り手側」の立場からすると、その場でケリをつけることがすごく重要**なわけです。

ここで、ひとつ問題があります。

それは、お客様は「その場でケリをつけたい」とは思っていない――という問題です。

お客様は、買うのか買わないのか、その場ではっきりしたくないのです。

なぜなら、お客様が高額商品を買うということは、大きなお金を失うことにつながるからです。誰でも、お金は大事ですよね。大事なものが失われそうになったとき、人は恐れを感じます。

そのため、**お客様は契約間際になると、はっきりとした答えを言わずに、曖昧な返事で逃げる**のです。

あなたが刀を抜けば相手も刀を抜く

では、「その場でケリをつけたい」と思っていないお客様に対して、その場でケリをつけるためには、どうすればいいのでしょうか。それは、**あなたが「刀を抜く」**ことです。

その場から逃げようとしているお客様を本気の勝負に引きずり込むためには、あなたからケリをつけに行かなくてはいけません。あなたから仕掛けないと、お客様は本気になってくれないのです。

営業現場は、サムライとサムライのプライドを賭けた闘いだと思ってください。

あなたが刀を抜けば、相手も刀を抜かざるをえない。

お互いが刀を抜けば、その場でケリがつく可能性が高くなる。

これが**「サムライの法則」**です。

セミナーや企業研修で、よく聞く悩みがあります。

「お客様がはっきりとした答えを言ってくれない」「いつも曖昧な答えしかもらえずに終わってしまう」という悩みです。

そんな悩みを抱えた人に、逆に質問します。

あなたは、お客様にはっきりとした答えを要求していますか？

あなたは、お客様に明確な答えを求めていますか？

おそらく、答えはNOではないでしょうか。**成約率の低い営業マンは、お客様にはっきりとした答えを要求していません。**つまり、切り込みが甘いのです。

もしお客様が曖昧な答えで終わらせようとしても、そこで逃してはいけません。しっかりと答えを要求してください。

例えば、このような感じです。

「○○様、具体的にどの部分が引っかかっていらっしゃいますか？　今日○○様は、私たちのサービスを体験していただきましたよね。ただ私たちも仕事ですので、ご契約いただきたいとは思っています。ですから、○○様の中で引っかかっている部分があれば、具体的にお聞かせいただきたいのです。どうか、○○様の本音をお話しください」

言い方を変えると、「無料で商品を試したんだから、答えは言えよ」ということです。

このように、**私たちから深く切り込まれると、お客様も本気で対応せざるをえなくなる**のです。

みなさんも、同じような経験をしたことがあるはずです。

あなたが今まで生きてきた中で、相手にはっきりとした答えを言わずに、曖昧な答えで終わらせてしまったことはないでしょうか。

例えば、「アルバイトを辞めたい」と思ったときに、「他にもっと時給の高いアルバイトが見つかったので辞めます」と本音を店長に言えましたか？　恋人に別れを告げるとき、「お前のことはもう好きじゃなくなったから別れてくれ」と本音を相手に言えましたか？

おそらく「今は忙しくてバイトに入れなくなった」とか「今は仕事に集中したいから、少し距離を置きたい」など、他の理由を言った人もいると思います。

お客様も同じです。お客様も「本音」は言いにくいもの。「できれば、曖昧な返事で終わらせたい」と思うのが人情です。

でも、あなたは営業マンです。営業マンならば、その場でケリをつける必要があります。明確な答えが欲しいのであれば、お客様にしっかり要求してください。お客様に深く切り込んでください。

あなたが刀を抜けば、相手も刀を抜かざるをえなくなります。

お互いが刀を抜けば、買うのか買わないのか、その場でケリがつく可能性が高くなるのです。

技術
25

二者択一

お客様を契約に誘動する質問術

コース内容・支払い方法・支払い回数を明確にする

みなさんは、「二者択一」という言葉を知っていると思います。お客様に2つの選択肢を提示して、どちらかひとつを選んでもらう。これが、「二者択一」の一般的な意味ですね。

お客様に「コーヒーを飲みますか？」と、ひとつだけの選択肢を与えた場合、ＹＥＳかＮＯの返事が返ってきます。このような質問の仕方だと、ＮＯの選択肢を与えることになってしまいます。

そこで、質問や提案を「二者択一」に変えてみると、どうなるでしょうか。

もしお客様からオーダーを取りたいのであれば、「お客様、コーヒーになさいますか？それとも紅茶になさいますか？」と、コーヒーと紅茶の2つの選択肢を与えると、お客様は「コーヒーにします」「紅茶にします」と、**どちらかのオーダーを選択しやすくなります**。これが**「二者択一」の方法**です。即決営業では、「二者択一」を応用して、**お客様を契約に誘導する技術**として使っています。

例えば、アポイントを取る場合なら「**お客様、もしお話を聞くのであれば、平日か土日、どちらがよろしいですか？**」、契約間際のクロージングの際なら「**もし契約するとしたなら、お支払い方法はクレジットカード払いになりますか？　それとも銀行振込になりますか？**」となります。

このように、小さな2つの選択肢を与えて、お客様がそれに答えていく。そうすることによって、契約というゴールに誘導していくわけです。

先にも述べましたが、とても大事なことですので、もう一度言います。

クロージングは、ゴールに寄せてから――。

これは、先にも紹介した私が経営する営業会社の合言葉。**お客様をゴールという契約の側に寄せてからクロージングをすることが大事**という意味でした。

私たち営業マンは、お客様に商品説明をして、料金説明をして、それからクロージングをします。「契約してください」と迫っていくわけです。

商品説明と料金説明が終わった時点では、お客様は契約からすごく遠い場所にいます。まだ、お客様が契約をするというゴールが明確にはなっていない状態です。ゴールが明確ではないまま、お客様にクロージングというシュートを打ったとしても、お客様は「どのコースにするか考えてから連絡します」「支払い方法を何回にするか、ゆっくり考えたい」という具合に、曖昧に逃げられてしまいます。

コース内容、支払い方法、支払い回数の3つが明確になっていれば、お客様を契約に誘導しやすくなります。クロージングもかけやすくなるわけです。

ですから、お客様にクロージングをかけるときは、必ずお客様をゴールの側まで寄せてからにしてください。

2つの選択肢しかお客様に提示しない

では、どうすればお客様をゴールの側まで寄せられるのでしょうか。どうすれば、コース内容、支払い方法、支払い回数の３つを明確にできるのでしょうか。

これは、実は簡単です。

お客様に聞くだけでいいのです。

例えば自動車の販売だったとしたら「**お客様、もし契約するとしたら、カーナビありのパッケージにしますか？ それともカーナビなしのパッケージにしますか？**」、もし脱毛サロンだったら「**お客様、もし契約するとしたら、全身脱毛コースになさいますか？ それとも部分脱毛コースになさいますか？**」という形で、２つの選択肢をお客様に与えていきます。

このときに注意してほしいのが、「もし契約するとしたら」という仮説のフレーズを付けること。**「二者択一」のフレーズは、「仮定法」の技術と一緒に使う**のが基本形です。

「二者択一」の技術を繰り返すだけで、お客様はゴールに寄せられていきます。

支払い方法も同じです。

「**お客様、もし契約するとしたら、クレジットカード払いになりそうですか？ それとも銀行振込になりそうですか？**」と、２つの選択肢を与えていくわけです。

この技術のポイントは、**お客様に提示する選択肢を、必ず2つだけにする**こと。

もし選択肢が3つ以上あると、お客様は迷ってしまうからです。もちろんコース内容、支払い方法、支払い回数には複数あるかと思います。でも、大まかに2つに絞ってお客様に提示することが大事です。

支払い回数の場合で見ていきましょう。

「お客様、もし契約するとしたら、一括払いになりそうですか？　それとも分割払いになりそうですか？」と、まずは大まかに2つの選択肢を提示します。もしお客様が一括払いを選んだら、それで支払い回数は明確になります。

ただ、お客様が分割払いを選んできたら、支払い回数は、6回、12回、24回、36回など、いろいろな選択肢が残されることになります。

この場合でも、すべての選択肢を提示するのではなく、大まかに2つに絞ってください。

私も営業マン時代は、支払い回数を2つに絞って提示していました。

「お客様、分割払いの場合、2回、6回、12回、24回、36回、48回、60回など、いろんな回数を選べるのですが、だいたいみなさんは、24回払い、もしくは36回払いのどちらかに

なさっています。もしお客様が契約するとしたら、24回払い、36回払いのどちらになりそうですか?」

このように、24回と36回に絞って聞いてしまいます。

「二者択一」で質問をしていくと、コース内容、支払い方法、支払い回数の3つが明確になっていきます。

ゴールから遠く離れた場所でシュートを打ったとしても、ゴールは決まりにくいもの。サッカー、バスケットボール、ゴルフなど、いろいろな球技がありますが、選手はボールをゴールに寄せる行為に、ほとんどの時間を使っています。なぜなら、ゴールから近い場所でシュートを打つほうが、ゴールに入りやすいからです。

営業も同じです。**いかにお客様をゴールの側に寄せていくのか――がポイント**です。合言葉は「クロージングは、ゴールに寄せてから」です。

技術
26

極論のサンドイッチ

お客様から予算を聞き出す方法

極端な高低で相手の目安をあぶり出す

極論とは、極端な例のこと。「もし明日で地球が滅亡するとしたら、どうしますか?」「もし世の中で男が私しかいなかったら、あなたは誰と結婚しますか?」というのが、一般的に使われている極論。即決営業では、**この極論を応用してお客様に予算を言わせる**、つまり**「いくらくらいなら払えるか」という目安金額を言わせる**ために使っています。

営業マンならば、お客様に「ご予算はいくらですか?」「おいくらくらいなら、お支払いできますか?」と聞くこともあると思います。でも、お客様は予算を言いたがりません。なぜなら、予算を言ってしまうと、営業マンが予算に見合った金額を提示してきて、売り込んでくるのが目に見えているからです。

みなさんも、次のような経験がないでしょうか。あなたが服屋さんに入っていったとします。そこに店員さんが寄ってきて、「スーツをお探しなんですね。ご予算はおいくらくらいでしょうか？」と、いきなり予算を聞かれた経験があると思います。

このとき、あなたは店員さんにどのような感情を抱きましたか？

「放っといてくれよ」という拒絶の感情を抱いたり、「ちょっと予算まで考えてなかったんで」「まだ買うか買わないかわからない」などと、とぼけたりした人も多いのではないでしょうか。あなたのお客様も同じです。**お客様は予算を言いたくない**のです。

しかし、私たち営業マンからすると、「そのお客様がいくらくらいなら払えるのか」という予算を明確化しておきたいものです。なぜなら、**お客様に予算を言わせることで、料金提示の目安ができる**からです。ゴールが明確になるからです。

そこで、お客様に予算を言わせるために、**「極論のサンドイッチ」という技術**を使います。

最初に、極端に高い金額を提示する。

その次に、極端に低い金額を提示する。

最後に、お客様に言わせたい頃合いのいい金額を提示する。

これが「極論のサンドイッチ」です。

私が経営している家庭教師派遣会社でも、この「極論のサンドイッチ」をよく使っています。例えば、お客様に予算を聞いても「ん～、ちょっと予算までは考えていなかったな」と、とぼけられたとしたら、次のように「極論のサンドイッチ」を使います。

「ただお客様、家庭教師の月謝が月々10万円だと、ちょっと高すぎるじゃないですか。でも、月々1万円の家庭教師は、今どきどこにもないですよね。やっぱり家庭教師の月謝は、月々3万円から5万円するのが普通だと思うんですよ。お客様が考える家庭教師の月謝はこのくらいだよという金額は、いくらくらいですか？」

最初に月々10万円という極端に高い金額を提示します。次に、月々1万円という極端に低い金額を提示します。そして最後に、月々3万円から5万円というお客様に言わせたい頃合いのいい金額を提示するのです。

このように提示すれば、お客様は「ん～、月謝は普通3万円くらいかな……」というふうに、私たちが言わせたい数字を言うわけです。

予算をお客様の口から言わせたら、こっちのもの。「**月々3万円くらいですね。ありがとうございます。月々3万円くらいでしたら、90分授業で週2回コースがピッタリです。どうかこの機会にスタートしてください**」となるわけです。このように、予算が明確になると、料金提示がしやすくなり、さらにお客様も「考えます」と逃げにくくなります。

予算がわかれば成約率は自然と高まる

さらに、この「極論のサンドイッチ」は、お客様に予算を言わせる以外にも使うことができます。**個数、人数、期間など、お客様が曖昧にしたがる数字を明確化するときに使える技術**なのです。

例えば、あなたがレストランを経営していたとします。そのレストランに、結婚式の二次会の予約が入ったとしましょう。レストラン側からすると、料理の材料やスタッフの確保など、予約人数に合わせて準備が必要です。そのため、予約人数を明確にしておきたい。

ところが、予約してきたお客様から「いや〜、人数はちょっと当日にならないとわからないなぁ。結婚式当日に呼びかけるので、何人来るかわからないんですよね」と言われたとします。予約人数を曖昧にしようとするわけです。

このような予約人数を明確化したいときでも、「極論のサンドイッチ」が使えます。

「人数は、当日にならないとわからないとおっしゃっていますが、まさか100人も来ることはないですよね。ただ、2、3人ということもないと思うんですよ。例えば、10人以上15人以下、もしくは20人以上25人以下など、その目安の人数はわかると思うんですね。だいたい目安は何人くらいですか?」

「いやー、たぶん15人前後かな……」

「15人前後ですね。ありがとうございます。では、15人で予約しておきますので、人数変更があった場合は、事前にご連絡ください」

このようにすれば、予約人数が確定できるわけです。

もう一度言いますが、「極論のサンドイッチ」を使えば、予算金額が明確になります。

「クロージングは、ゴールに寄せてから」ですから、ゴールから近い場所で（予算を明確にして）、シュートを打てば、あなたの成約率は大幅に上がります。

極論シート

極論のサンドイッチ：極端に大きい数字→極端に小さい数字→目安数字

［極端に大きい金額］だと高すぎますよね。［極端に小さい金額］だと安すぎますよね。［商品］ってだいたい［目安金額］くらいすると思うのですが、○○様が考える目安金額はどのくらいですか？

（記入例）

	極端に大きい数字 ➡	極端に小さい数字 ➡	目安数字
金額	100万円だと高すぎますよね	1万円だと安すぎますよね	だいたい30万円くらいすると思うんです
日程	半年後とかじゃないですよね	明日とかは無理ですよね	今週か来週でお時間取るとしたら
人数	100人とかじゃないですよね	2、3人とかでもないですよね	10〜15人とか、20〜25人とか

あなたの商品に当てはめて、記入してください。

	極端に大きい数字 ➡	極端に小さい数字 ➡	目安数字
金額			
日程			
人数			

技術 27

権威

著名人を利用して影響力を高める方法

「ジャンル＋名言」の検索で効果的な言葉を探す

セールス業界では、「権威」という言葉がよく使われています。

お客様に話をするときに、その話に「権威」を付け足す――という意味です。人は話の内容よりも、その「権威」に納得する習性を持っています。ですから、話の内容に「権威」が合わされば、お客様に与える影響力は大幅に上がります。例えば、あなたが体調を崩して病院に行ったとします。その病院で診察してくれた医師が「問題ありません」「ガンではありません」「心配いりません」と言ったなら、あなたはどう感じますか？「よかった。病気じゃなかった」「ガンではなかった」と、ホッとすると思います。安心すると思います。なぜ、安心するのでしょうか？

それは、相手が医師だからです。もし相手が自分の親や友だちだったら、「問題ないよ。心配ないって」と言われても、「適当なこと言うなよ」と思うのではないでしょうか。「どうして、あなたにそんなことが言えるの？」と、逆に不信感を抱きますよね。

同じ言葉であったとしても、言葉の内容よりも、医師という「権威」に影響を受けるわけです。ですから、「権威」を意識してください。お客様に伝えたいことがあるならば、その主張に「権威」を付け足してください。

そうすれば、あなたはお客様に大きな影響を与えることができます。

権威＋主張

これが、「権威」の技術の基本形です。

では、どのように「権威」を付け足せばいいのでしょうか。

その方法は、簡単です。**インターネットで検索すればいい**だけです。例えば、あなたが健康食品など、健康に関する商品を扱っていたとします。その場合、グーグルで「健康　名言」と検索してみてください。

すると、有名人などの健康に関する名言がたくさん出てきます。その名言をあなたの主張に付け加えるだけでいいわけです。実際にグーグルで「健康　名言」と検索してみると、医学の父と言われているヒポクラテスの名言が出てきます。

「食べ物で治せない病気は、医師でも治せない」
「人は自然から遠ざかるほど、病気に近づく」
「すべての病気は腸から始まる」

このような切れ味の鋭い名言が見つかると思います。この名言をあなたのセールストークに活用するわけです。主張の前に「権威」として付け加えるだけです。

「医学の父と呼ばれるヒポクラテスがこう言っています。『すべての病気は腸から始まる』と。腸内環境は一番大事です。何か手を打たなければ、○○様の腸内環境が改善することはありません。スタートするときに必要なのは、考えることではなく決断です。どうかこの機会にご決断ください」

もうひとつ、保険の名言をインターネットで検索してみます。例えば、「リスク　名言」で検索してみると、将棋の羽生善治さんの「どんなことでもリスクのない状態はない」という言葉が出てきます。また、韓国のことわざで、「〃まさか〃が人を殺す」というものがあります。これらを「権威」として、主張の前に付け加えてみます。

「国民栄誉賞を受賞された将棋の羽生善治さんも、『どんなことでもリスクのない状態はない』と言っています。うちに限って大丈夫だとか、うちの家族に限って大丈夫とかいうのはありえません。韓国のことわざにも『〃まさか〃が人を殺す』というものがあるくらいです。備えは誰にでも必要です。どうかこの機会にご決断ください」

「権威」と「影響力」は最強の武器である

また、別の「権威」の例があります。

ケーキやスイーツといった食品を販売している場合、**その商品自体に「権威」を付け加**

える方法もあります。

みなさんは、モンドセレクションというのを聞いたことがあるでしょうか。よくテレビCMなどで「モンドセレクション金賞受賞」と言っているものです。

実は、このモンドセレクションというのは、エントリーさえすれば90％以上の確率で賞を受賞できるのです。ちなみに、エントリー料は、たったの15万円です。

例えば、あなたがケーキ屋を経営していたとします。あなたの商品をモンドセレクションにエントリーして、もし金賞を受賞できたとしたら、そのケーキは「モンドセレクション金賞受賞」のケーキになります。

そうなれば、このケーキの権威性は大幅に上がり、売上も大きく上がるでしょう。

お客様は、商品の内容よりもブランド、すなわち「権威」に納得するわけです。

また私は、よく自分の勤続年数を「権威」として使っていました。自分の主張したいことの前に、**勤続年数を付け足す手法**です。

「1日考えたいんですね。お気持ちはよくわかります。ただですね、1日考えたいという人は、結局は決断できないだけなんですね。もちろん、○○様には当てはまらないかもしれません。ただ私も、この仕事に就いてもう5年になります。今まで、この商品説明を何百人の人にしてきました。その中で、1日考えたいと言った人で、後日スタートされた人はひとりもいませんでした。結局、決断できない人は、スタートすることができないんです。スタートしないと、○○様の問題は解決しません。どうかこの機会にご決断ください」

これが「勤続年数＋主張」の例です。このように、自分の勤続年数も「権威」として使うことができるわけです。中には「私は新入社員なので、その手法は使えないんです」と言う人もいると思います。その場合、勤続年数が浅い人でも、アカデミックな用語や偉人の言葉などは「権威」として使うことができるはずです。

例えば、「1日考えたい」と言うお客様に対して、「**心理学的に言うと、『考えるという行為は、マイナスを探す作業でしかない』と言われています**」などと、「心理学」というアカデミックな用語を使ってみる。また、「『**考えることを止めて、直ちに行動を開始せよ』とウォルト・ディズニーが言っています**」と、偉人の言葉を使ってみるのもいいでしょう。

お客様に伝えたい主張には、「権威」を付け加えてください。

そうすれば、あなたがお客様に与える影響力は確実に強くなります。

権威シート

権威フレーズ：伝えたいことの直前に権威の言葉を置く

（自分の実績・自分の勤続年数・権威者の言葉・公的機関のエビデンス・研究結果など）

（記入例）

権威フレーズ
私もこの仕事を始めて10年になりますが
私は今までこの説明を1000人以上の人にしてきました
ハーバード大学での研究結果でも明らかになっていることなんですが
世界の億万長者で有名なビル・ゲイツの言葉にもあるのですが

あなたの商品に当てはめて、記入してください。

権威フレーズ

技術
28

過半数

お客様の不安を払拭させる方法

最後のひと押しの前に「みなさん」を入れるだけ

私たち日本人は、「過半数」に弱いとよく言われています。

「みんなが大学に行くから、私も大学に行く」「みんながスマホを使うから、私もスマホを使う」など、みんなと同じ行動を取りたがります。

「みんなと同じ行動を取りたい」と思う心理を応用したのが、「過半数」の技術です。

私たち営業マンが扱う商品は、数十万円から、ときには数百万円もする高額商品の場合もあります。そのため、お客様は契約間際になると、迷ってしまいます。不安になって、スタートすることをためらいます。そこで、私たち営業マンが「スタートしなければ、何も始まりません。どうかこの機会にご決断ください」と、最後のひと押しをするわけですが、このときに「過半数」の技術を使います。

方法は簡単です。**最後のひと押しの前に、「みなさん」というワードを付け足す**だけ。

「みなさん、結局最後は入会されます。どうかこの機会にご入会ください」

過半数＋訴求

これが、「過半数」の技術の基本形です。この「過半数」の技術は、とても使いやすく、お客様の立場で考えてみると、**「みなさん」というワードが入るだけで、安心感が生まれます**。お客様は「自分ひとりがこの高額な商品を買わされるんじゃないかな？」と、不安な気持ちでいるわけです。そこで「みなさん、ご契約なさっています」「みなさん、お買い上げいただいています」と付け足すだけで、「買うのは自分だけではないんだ」と安心してくれるわけです。この「過半数」の技術は、**繰り返し使うことで、さらに大きな効果が発揮**されます。「みなさんご入会なさっていますので、どうかこの機会にスタートしてください」と訴求したあとに、さらに「過半数」を重ねます。

「入会されたみなさんは、『入会して本当によかった』とおっしゃっています」

「『もうこの商品以外考えられない！　もっと早く使っておけばよかった！』と、みなさんおっしゃるんです」

みんなと同じ行動を取りたい人間心理を利用する

ちなみに、この「過半数」の技術は、セールス以外にも応用することができます。

例えば、自分のお子さんに「勉強しなさい」と言いたいのであれば、ただ「勉強しなさい」と言うだけでは、ちょっと弱いですよね。そこに「過半数」を付け足してください。

「みんな勉強しているよ。○○君も勉強しなさい」と言うと、お子さんの心はグッと揺らぐはずです。また、大学に行きたがらない息子に、大学受験をさせたいのであれば、「今どき、大学はみんな行っているよ。○○君も大学に行こうよ」と言うと、息子も大学受験を考えるようになります。

この**「過半数」の技術は、営業初心者の人でも簡単に使える技術**です。

「みなさん」というワードは強力です。「過半数」を付け足してください。

過半数シート

過半数フレーズ：みなさん〇〇されていますので

（記入例）

過半数フレーズ
みなさん入会されている人気のコースですので
結局みなさんご契約なさいますので
（スタートした）みなさん結果が出ていますので
（契約した）みなさん本当に喜んでいらっしゃいますので

あなたの商品に当てはめて、記入してください。

過半数フレーズ

技術 29

カギカッコ

お客様の反応が良くなる技術

効果・効能を最大限に伝えるために

「お客様は『カギカッコ』で落ちる」という言葉があります。

みなさんも小学校で、読書感想文などの作文を書いたことがあると思います。私は作文が得意なほうで、小学生のときに賞を取ったこともあります。そのときに、私の祖母が「りゅうちゃんの作文は、『カギカッコ』がおもしろいねん。『カギカッコ』があるから、りゅうちゃんの作文はおもしろい」と、何度もほめてくれました。

それから私は、「カギカッコ」をたくさん使うようになりました。作文を書くときは、とにかく「カギカッコ」を多用していたわけです。

そのときに思ったことがあります。

作文は、「カギカッコ」の数だけおもしろくなる――。

そして、大人になって営業マンになってから、「お客様は『カギカッコ』で落ちる」ということに気づきました。

私たち営業マンは、お客様に商品の良さを伝えます。**商品の良さを伝えるフレーズを「カギカッコ」に包んであげるだけで、お客様の反応が変わる**のです。

まさに作文で「カギカッコ」をたくさん使ったときのように、お客様に伝わりやすくなり、どんどんお客様の反応が良くなるのです。

私は営業マン時代、学習教材と一緒に個別指導も売っていたのですが、お客様に「マンツーマン指導の効果が高い」と伝えたいと思った場合、「カギカッコ」を付けて伝えていました。

「うちの個別指導は、1対1のマンツーマン指導なので、受けられたお客様が『個別指導って、こんなに効果が出るん？』と、みなさんおっしゃるんですよ。『こんなに効果が出るんやったら、はじめから個別指導にしておけばよかった』と、みなさんおっしゃって

くれるんですよ」

このときのポイントは、お客様に効果が高いことを伝えるときに、「効果が高いんです」と言うのではなく、「『個別指導って、こんなに効果が出るん?』と、みなさんおっしゃるんですよ」と、「カギカッコ化」して伝えること。つまり、**お客様との商談の場では、他のお客様の声を「カギカッコ化」する**わけです。

これが、「カギカッコ」の技術です。

この**「カギカッコ」の技術を使うだけで、お客様に伝わるレベルが高くなります**。

あなたが扱っている商品の良さ、商品のセールスポイントを伝えるときは、「カギカッコ」を使ってみてください。

自社の商品の良さやセールスポイントを伝えるとき、営業マンが「この商品はすごくいいんです」と言うと、少し嫌らしくなります。

そういうときこそ、お客様の声を「カギカッコ化」して、「『この商品、すごくいい!』と、みなさんおっしゃるんですよ」と言えば、お客様に伝わるレベルが必ず上がるはずです。

言いにくいことを「カギカッコ」で代弁する

また、会社によっては使えない場合もありますが、「カギカッコ」の別の使い方もあります。

例えばサプリメントを扱っている会社で、「このサプリメントを飲めばやせる」ということをお客様に伝えたいとします。ただ、この「やせる」というワードを直接言ってしまうと、薬機法（旧・薬事法）に引っかかる場合があります。ですので、ここは「カギカッコ」に入れて伝えると、危険回避ができます。

「このサプリメントを飲んだみなさん、『え？　これを飲むだけで、こんなにやせるん？』とおっしゃられます。『こんなにやせるんだったら、最初からこのサプリメントを飲んどけばよかった』と、みなさんおっしゃられるんですよね」

これは少しズルい方法ではあります。「このサプリメントを飲んだらやせる」というワードを言ったのは私たちではなくて、お客様が言っていたという形にしたわけです。

さらに、もう少し際どい方法もあります。**「ライバル会社の商品よりも、うちの商品のほうが良い」ことをお客様に伝えたい**場合、直接ライバル会社や他社商品を否定してしまうと、少し嫌らしくなってしまいますよね。

この「カギカッコ」の技術は、この嫌らしさを消すこともできます。

「『やっぱり即決営業さんの営業研修が一番やわ。○○営業の営業研修よりも、即決営業さんのほうが絶対にいい。こんなにいいんだったら、最初から即決営業さんに決めておいたらよかった』と、みなさんにおっしゃっていただけるんですよ」

このように、「カギカッコ化」して伝えるだけで、お客様にスムーズに受け入れてもらえるようになります。嫌らしさを消せるわけです。

そしてクロージングのときにも、王道パターンがあります。

それは、訴求フレーズの前に「カギカッコ」フレーズを付ける形です。

「ご契約されたみなさんは、『こんなにいいんだったら、最初から即決営業さんにしてお

けばよかった』とおっしゃるんですよ。スタートしなければ、何も始まりません。どうかこの機会にスタートしてみてください」

「スタートしてください」「ご決断ください」という訴求フレーズの前に、「カギカッコ」を付ける。

カギカッコ＋訴求

この形が王道パターンです。

あなたも、営業現場で使っているクロージングフレーズを「カギカッコ化」してみてください。そうするだけで、お客様に伝わるレベルが必ず強くなるはずです。

私の祖母が言っていました。

「作文は『カギカッコ』の数だけおもしろくなる」

そして、覚えておいてください。

「お客様は『カギカッコ』で落ちる」

カギカッコシート

カギカッコフレーズ「　　　　　　　　　　」
とみなさんおっしゃるんです

（記入例）

商品のセールスポイント	カギカッコ化
軽い	「えー、こんなに軽いの！」
徹底したアフターフォロー	「ここまでアフターフォローしてくれるんだ！」
商品のベネフィット	カギカッコ化
効果が出る	「えー。こんなに効果が出るのー！」
やせる	「これを飲むだけで、こんなにやせるの！」
会社・商品のほめ言葉	カギカッコ化
商品がいい	「この商品、すごくいい！」
入会してよかった	「入会して、本当によかった」

あなたの商品に当てはめて、記入してください。

商品のセールスポイント	カギカッコ化
商品のベネフィット	カギカッコ化
会社・商品のほめ言葉	カギカッコ化

技術
30

一貫性通し

矛盾なくセールスを押し通す技術

「前提条件」で売り込みを当たり前と錯覚させる

一貫性とは、最初から最後まで矛盾のないこと。

この一貫性を保つことは、私たち営業マンにとって、とても大切なことです。もし私たちの行動や言葉に矛盾点が発生してしまうと、一貫性はたちまち通らなくなります。

セールスは、口喧嘩と似ているところがあります。口喧嘩とは、言葉の喧嘩のこと。「私は間違っていない」ことと「あなたは間違っている」ことを言い合うことです。

セールスの現場においても、お客様は「自分の『考えます』は間違っていない」ということを言ってきますし、さらに私たち営業マンに対して「あなたは間違っている」と言ってくる場合もあります。

お客様は、私たち営業マンの何を間違っていると言ってくるのでしょうか。

それは、「売り込み」です。**お客様は、私たち営業マンの「売り込み」という行為に対して否定してくる**のです。つまり、お客様は「私の『考えます』は善だ」「お前の売り込みは悪だ」と考えているのです。

もしその考え方や主張が通ってしまうと、商談は契約にならずに終わってしまう可能性が高くなります。

そのため、私たち営業マンは、この**「売り込み＝悪」という図式を「売り込み＝正義」という図式に書き換える**必要があります。売り込みの一貫性を通さないといけないのです。

もちろん、買うのか買わないのかを決めるのは、お客様です。でも、私たち営業マンの役割は「売ること」です。お客様に対して「ご契約ください」と、しっかりと訴求することが、私たち営業マンの役割なのです。要するに、私たち営業マンが売り込みをすることは、当たり前のことです。

ここで大切になってくるのが、お客様の意識です。セールスにおいては、私たち営業マンがどう思うかよりも、お客様がどう思うかのほうが重要です。**お客様にも同じように「売り込み＝当たり前」と思ってもらわないと、売り込みの一貫性は通らなくなります。**

では、どうすれば売り込みの一貫性を通すことができるのでしょうか。

それは、**「前提条件」**です。**「前提条件」を置くことで、「売り込み＝当たり前」という一貫性が通る**ことになります。

そのため、アポイント設定をした直後に、**「私たちの商品を説明させていただきます」**ということに加えて、**「もしお話を聞いて気に入ったら、この機会にスタートしてみてください」**ということも必ず伝えておいてください。

最初に、この「前提条件」をきっちり伝えておけば、売り込みの一貫性は通ります。なぜなら、最初と最後が合致するからです。

そもそも、なぜお客様は売り込みをかけられると怒るのでしょうか。

それは、最初に聞いていないからです。

みなさんも経験はないでしょうか。例えば、数年ぶりに電話をかけてきた友人から「飯食いに行こう！」と誘われて行ったら、いきなりネットワークビジネスの説明会に連れていかれた。「あなたに紹介したい人がいる」と言われて行ったら、いきなり生命保険のセールスをされた。

このように、「前提条件」がない状態で、セールスを受けた経験はないでしょうか。私も、同じような経験があります。私は、そのセールスに対して怒りを感じましたし、とても嫌な気分になりました。

あなたのお客様も同じです。「セールスするよ」という事前告知なしにセールスをされると、お客様は怒ります。

特に注意してほしいのは、**「お悩み相談」や「無料相談」という名目でアポイントを取った直後には、必ず「商品の説明をさせていただきます」と事前告知をする**こと。もし事前告知をしないと、あなたの売り込みの一貫性は通らなくなります。

もしお客様が「そんな話は聞いていない」と言い張ったとしたら、「言った、言っていない」を問題にするのではなく、**「そもそも無料説明とは、そういうものです」**と説明します。

また、**「聞いていらっしゃらなかったんですね。私はこの仕事を10年していますが、みなさんに毎回、必ずお伝えするようにしています」**と事実化する方法も使えます。

相手の自己中心的な考えを改めさせる方法

さらに、**お客様の立場を営業マンと入れ替える手法**も効果的です。

基本的に、お客様は自分の立場からしか物事を見ていません。「私的には考えたい」「私的には、今日は決めたくない」という自己中心的な物事の見方をしているものです。

もちろん、これは当たり前のことです。お客様は商品を買う側ですので、「判断するのは私よ」という強い意識を持っていて当然です。

こういう場合、先に述べた「仮定法」を応用して、次のような質問をしてみてください。

「仮に、逆の立場だったら、どう思いますか？」

「仮に、あなたが私の立場だったら、どう思いますか？」

この質問をするだけで、相手の心の中では立場の入れ替えが起こります。お客様は無意識に「確かに逆の立場だったら嫌かも」と、相手の立場に立って物事を考えるようになります。

立場の入れ替えによって、お客様の自己中心的な主張が弱まっていきます。そうすれば、あなたの主張も通りやすくなるわけです。

営業においては、相手の立場に立って考えるよりも、相手をこちら側の立場に立たせて考えさせるほうが重要なのです。

ですから、あなたも**「仮に、逆の立場だったらどう思いますか？」**という質問を覚えておいてください。あなたの営業現場において、強力な武器になるはずです。

逆に、**絶対にしてはいけないこと**があります。

それは、**嘘をつくこと**です。

「私は契約していただきたいとは思っていないです」という嘘だけはつかないでください。

このセリフを言ってしまうと、あなたの一貫性は通らなくなるからです。

もしあなたが最初に「いや、私は全然売りたいなんて思っていないんですよ」と言っておきながら、最後に「どうかこの機会にご決断ください」と売り込みをかけたら、どうなるでしょうか？

「え？　あなた、最初に売りたくないって言っていましたよね？　言っていることとやっていることが違いますよね？」と、辻褄《つじつま》が合わなくなります。あなたの一貫性は通らなくなるわけです。

売りたいと思わない営業マンは、この世の中にいないはず。**私たちが営業マンである以上、売ることを隠すこと自体が矛盾になってしまう**のです。

確かに、セールス業界では、「売りを隠せ」とよく言われています。それ自体は間違っていないのですが、売りを隠すのはアプローチのときだけです。アプローチの段階で売りを隠して、お客様に近づいていきますが、アポイントを設定したあとは、すぐに売りを出してください。

これは、「前提条件」のセットアップです。**「商品の説明をさせていただきますね。もし気に入ったらスタートしてくださいね」**という「前提条件」は、きっちりと伝えるようにしてください。

そうすれば、「商品説明があるなんて聞いていない」「モノを買うつもりで来たんじゃない」といったことを言われなくて済みます。

大切なのは、最初と最後です。**最初と最後が合致すれば、一貫性は通る**のです。

一貫性通しシート

一貫性通しフレーズ＝当たり前のこと

（記入例）

一貫性通しフレーズ		
スタートしないと何も始まりません	スタートしないと問題は解決しないんです	どこで入会しても、結局お金はかかります
結局最後は○○様の決心次第です	私も仕事ですのでご契約いただきたいとは思っております	冠婚葬祭費と教育費は必ずかかります
必要なのは「お子様のやる気」ではなく「お母様の決断」です	○○君の背中を押すのはお母様しかいません	受験で重要なのは「どの塾を選ぶか」ではなく「いつから始めるか」です

あなたの商品に当てはめて、記入してください。

一貫性通しフレーズ		

技術31

訴求の基本パターン

「理由＋訴求」でお客様を押す技術

技術を組み合わせて効果を倍増させる

数学でも何でも、基本型というものがあります。みなさんも中学生のときに習ったと思いますが、例えば、「y＝ax」という方程式は、aという傾きの直線を表す式です。

同じように、**営業におけるクロージングにも基本型**があります。それが、次の形です。

理由＋訴求

ただ、「ご決断ください」と訴求だけをしても、なかなかお客様の心を動かすことはできません。状況によっては、角が立ってしまう場合もあります。

ですから、訴求の前に、一言付け加えるようにします。例えば、「○○なので、どうかこの機会にご決断ください」と訴求すると、お客様の「考えます」を攻略できる可能性が高くなります。この理由に当たるのが、先に紹介した「過半数」「カギカッコ」、そして「一貫性通し」の3つです。

過半数＋訴求（↓技術28）

カギカッコ（お客様の声）＋訴求（↓技術29）

一貫性通し（当たり前のこと）＋訴求（↓技術30）

さらに、この3つは組み合わせて使うことで、より強力な武器になります。

カギカッコ＋一貫性通し＋訴求

カギカッコ＋過半数＋訴求

「『この商品、すごくいい！』って、みなさんおっしゃるんですよ（カギカッコ）。スタートしないと、何も始まりません（一貫性通し）。どうかこの機会にご決断ください（訴求）」
「『入会して本当によかった』と、みなさんおっしゃいます（カギカッコ）。みなさん入会されている人気コースのため（過半数）、どうかこの機会にスタートしてください（訴求）」

この「訴求パターン」を覚えておいてください。

訴求する前に「当たり前」を付け加える

「一貫性通しフレーズ＝当たり前のこと」について、もう少し詳しく見ていきます。

例えば、お客様が「どうしようかな」と悩んでいたとすると、**「スタートしなければ何も始まりません。どうかこの機会にご決断ください」**と訴求します。「スタートしなければ何も始まりません」という当たり前のことを付け加えるわけです。

私が13年間経営している教材とセットの家庭教師派遣会社では、次のような訴求フレーズをよく使っています。

「必要なのはお子様のやる気ではなく、お母様の決断です。どうかこの機会にご決断ください」
「○○君の背中を押すのは、お母様しかいません。どうかこの機会にご決断ください」
「受験で重要なのは、どこで受験対策をするかではなく、いつから始めるかです。どうかこの機会にご決断ください」

このような形の**訴求フレーズをいくつも用意しておくと、最後のクロージングのときに迷いなく言うことができる**のです。

契約というゴールを決めるために、決定力のあるシュート（訴求）を打つわけです。ただ、シュートを打つのは、最後の最後。ゴールに近づいてから。ゴールから遠く離れた場所からシュートを打っても、ゴールを決めることは難しいのは何度も言ってきた通りです。ゴールに近づくためにパスを出したり、センタリングを上げたりします。それが、営業ではアプローチだったり、プレゼンテーションだったりするのです。

できる限りゴールに近づいたならば、**お客様に「考えます」を言わさない訴求フレーズで、決定機を逃さない**ようにしてください。

訴求パターンシート

（記入例）

カギカッコ
「この商品すごくいい」とみなさんおっしゃるんです
「入会して、本当によかった」とみなさんおっしゃるんです

一貫性通し
スタートしないと何も始まりません
どこで入会しても、結局お金はかかります

過半数
みなさん入会されている人気のコースですので
みなさん本当に喜んでいらっしゃいますので

訴求	どうかこの機会に		
	ご決断ください	スタートしてください	ご契約ください

あなたの商品に当てはめて、記入してください。

カギカッコ

一貫性通し

過半数

訴求			

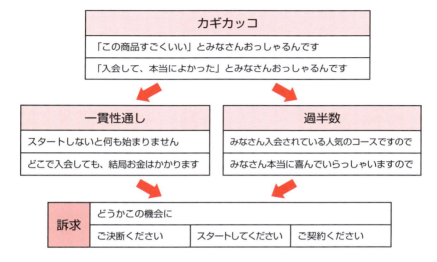

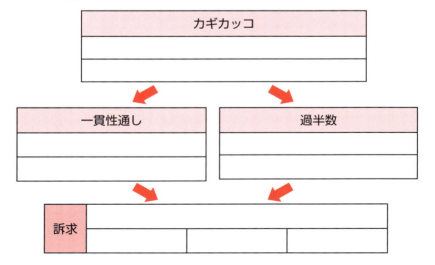

技術 32

一貫性外し

お客様の矛盾点を味方にする方法

矛盾を避けたい人間心理を利用する

技術30の「一貫性通し」で述べたように、一貫性とは、最初から最後まで矛盾がない状態のことを言います。そして、人は誰でも自分の行動や言葉に対して、一貫性を守りたいと思っています。つまり、**「矛盾を避けたい」と思っている**わけです。

どんなにしたい行動があっても、それが矛盾につながる場合は、その人はその行動をしなくなります。

例えば、浮気。旦那さんや奥さん、彼氏や彼女がいるにもかかわらず、別の人と関係を持つ行為ですね。この浮気について、少し考えてみましょう。

普通、堂々と浮気をする人はいません。やはり、バレないようにしたり、隠れてするものです。なぜでしょうか。

それは、浮気という行為が矛盾につながるからです。浮気とは、男女交際において、相手を裏切る行為であり、一般的にも良くない行為だと考えられています。もちろん「浮気は犯罪ではない」「刑法では罰することはできない」と言う人もいるかもしれません。でも、浮気という行為を一般常識に照らし合わせて考えると、矛盾する行為になるわけです。

このような一般常識から外れる行動や言葉が、その人の矛盾点になります。

人は、一般常識から外れる言動を嫌う生き物です。

この習性を利用したのが、これから紹介する**「一貫性外し」**です。**お客様の主張の中の矛盾点を指摘して、お客様の主張を一貫性から外し、その主張を通さなくする**のです。

多くの場合、契約間際の土壇場になると、お客様は逃げようとします。答えを出さずに、その商談を曖昧に終わらせたいと思っています。

そのため、ほとんどのお客様は「考えます」と言ってきますし、この「考えます」という主張を正当化しようとしてきます。「旦那に相談しないとわからない」「他社の商品を見てから決めたい」など、契約間際でのお客様の主張は、ほぼすべて「考えます」を正当化する主張なのです。

ここで「考えます」の主張を通してしまったら、その商談は契約にならずに、「考えます」で終わってしまう可能性が高くなります。

ですから、お客様の「考えます」は通さないこと。

これが一番のポイントになります。

お客様の主張を無力化する攻略法

では、お客様の「考えます」を通さないためには、どうすればいいのでしょうか。

それは、**お客様の「考えます」の中から矛盾点を見つけ出す**こと。

矛盾点をしっかり指摘できれば、その主張は無力化します。そもそも、**私たち営業マンとお客様の関係は、対等なはず**です。立場的に、お客様が上でも、営業マンが下でもありません。

たまに、営業マンに対して偉そうな態度を取るお客様もいます。「俺は客だから、大事に扱われて当たり前」「話を聞いてやっているんだ」といった上から目線のお客様もいます。

でも、厳密に言うと、そのお客様の偉そうな態度は間違っています。なぜなら、そのお客様は、まだ何も買っていないからです。まだお金を払っていないからです。まだお客様ではないのです。

もともと私たち営業マンの仕事には、無料説明も含まれています。無料で説明する代わりに、「もし気に入ったら、契約してね」というのが無料説明の前提のはず。もちろん、買うのか買わないのかを決めるのはお客様です。

ただし、無料で説明を聞いた以上、無料で商品を試した以上、ちゃんと答えは言うべきです。それが「前提条件」だからです。

私は、世界中のお客様に言いたいことがあります。

「考えます」は答えではありません。

あなたも営業活動をする上で、絶対に許せないお客様の主張があるはずです。もしあなたがトップセールスマンを目指すのであれば、お客様の「考えます」と闘ってください。お客様の「考えます」を絶対に通してはいけません。

お客様の「考えます」に対して、矛盾点を指摘して、次のように一般常識から外れていることを伝えます。

「あなたの行為は、誠意がない行為ですよ」
「あなたの行為は、信頼性に欠ける行為になりませんか？」
「仮に逆の立場だったら、あなたはそのような行為をする人を信頼できますか？」

このように言えば、お客様の「考えます」を一貫性から外すことができます。この「一貫性外し」が成功すると、ビックリすることが起こります。

今までずっと「考えます」と言い続けていたお客様が、自ら自分の「考えます」を引っ込めてくるのです。「結局、いつかは始めないといけないことですし」「どこで買っても、結局一緒なんだよね」というふうに、自らの主張を180度変えてくるのです。

まるで**自らの主張が一貫性から外れたことを隠すために、契約に逃げる**感じなのです。

つい先日も、未入金者のお客様がいらっしゃいました。こちらから何度も電話やメールをしても、一向に返事がありません。LINEで連絡をしても、「今は会議中なので、あとで電話します」と返事があるものの、いつまで待っても折り返しがありませんでした。

そこで、「一貫性外し」の技術の登場です。これまでのやり取りを詳しく明記した上で、次のようにメールで連絡しました。

「このままご連絡をいただけないのでしたら、お互いの信頼関係の構築が困難になります。このたびの契約は白紙に戻していただきたいと思っております」

すると、すぐに連絡があり、無事、入金がありました。メールやＬＩＮＥのやり取りでも、この「一貫性外し」の技術は使えます。

営業マンは、最後の最後まで粘り強くお客様を追い続けなくてはいけません。放っておくと、お客様は「やっぱりやめた」となってしまいます。契約が破綻したとしても、追い続けることが大事であり、そのときに使えるのが「一貫性外し」の技術なのです。

人は自分の行動や言葉が一貫性から外れること、すなわち一般常識から外れることを、とにかく嫌います。だからこそ、先ほどのお客様は契約に戻ってきたのです。

お客様の中の矛盾点を突いてください。矛盾点を突けば、その主張は無力化するのです。

一貫性外しシート

一貫性外し：お客様の主張の「矛盾点」を指摘すること

（記入例）

お客様の主張	矛盾点	理由
旦那に相談しないと決められない	最初に言うべきこと	相手に意味のない行動をさせている
〃	前提違反	気に入ったらスタートしてもらう約束
〃	事前確認したはず	旦那様に同席をお願いした

あなたのターゲットに当てはめて、記入してください。

お客様の主張	矛盾点	理由

技術
33

ゆさぶり

お客様に衝動買いさせる方法

なぜ嫌がることを伝えたほうが商品が売れるのか

お客様の嫌がることを言うこと――。それが**「ゆさぶり」**です。お客様の喜ぶことではなく、嫌がることを言うのです。

なぜ、わざわざお客様の嫌がることを言う必要があるのでしょうか。

それは、**お客様の嫌がることを言ったほうが、商品が売れる**からです。

あなたは、お客様にクロージングをかけるとき、どのようなことを言いますか？

おそらく「この商品を使えば、あなたの悩みはなくなります」「このサービスを導入すれば、その問題は解決します」といったポジティブな表現を使って、お客様にクロージングをかける人が多いのではないでしょうか。

もちろん、お客様にポジティブなイメージを抱かせて契約に誘導する「肯定誘導」という方法もあります。ただ逆に、**お客様にネガティブなイメージを抱かせて契約に誘導する方法**もあるのです。このような方法を**「否定誘導」**と言います。

これから紹介する「ゆさぶり」という技術も、「否定誘導」のひとつです。

世界的に有名な心理学者フロイトは、「人は快楽を求めて、痛みを避ける動物だ」と言っています。要するに、人が行動する理由は、快楽を求めるためか、もしくは痛みを避けるためかのどちらかだ、と言っているわけです。

お客様は快楽を得るために商品を買いますが、痛みを避けるためにも商品を買うのです。

お客様は、基本的に2種類の欲求を持っています。

ひとつが**「積極的欲求」**であり、もうひとつが**「消極的欲求」**です。

「積極的欲求」とは、例えば「旅行がしたい」「お金持ちになりたい」「仕事ができる人と思われたい」など、「○○したい」「○○になりたい」という欲求です。

逆に「消極的欲求」とは、「仕事をしたくない」「貧乏になりたくない」「バカと思われたくない」など、「○○したくない」「○○と思われたくない」という欲求のこと。

この「積極的欲求」と「消極的欲求」のどちらが、より強い欲求だと思いますか？

強いのは、実は「消極的欲求」のほうです。**「積極的欲求」よりも「消極的欲求」のほうに、お客様は強い反応を示す**のです。

ですから、私たち営業マンは、お客様の「消極的欲求」に向けて訴求するべきなのです。

「ポジティブクローズ」と「ネガティブクローズ」

私は企業研修や個人向けの営業セミナーで、**お客様の「消極的欲求」に訴求するための「ゆさぶりフレーズ」を作成する**ワークをいつもしています。このワークでは、お客様の嫌がるフレーズを作っていきます。

まず受講生の方に、普段自分が使っているクロージングフレーズを付箋《ふせん》に書いて、壁に貼ってもらいます。だいたいの場合、最初はポジティブな表現を使ったクロージングフレーズばかりが壁に並びます。

例えば、脱毛サロンの企業研修の場合であれば、「脱毛してお肌がツルツルになったら、彼氏さんもきっと喜びますよ」「脱毛してお肌がツルツルになると、お友だちから羨《うらや》ましがられますよ」など、「脱毛すると、こんな良いことがありますよ」「脱毛すると、あなたにこういうメリットがありますよ」といった、お客様の「積極的欲求」に訴求するクロージングフレーズばかりが並びます。

でも、先ほどお伝えしたように、お客様の「消極的欲求」に訴求するほうが、お客様に強い影響を与えるのです。そのため、受講生の方々に付箋に書いてもらったクロージングフレーズを、次のようなお客様の嫌がるフレーズに変えていきます。

「色の白い人は、ちょっとした黒い毛でも結構目立つんですよね。男性は、細かい毛でも結構見ているんです。男性は、ちょっとしたことで幻滅するんですよね。○○様は若いので、まだまだこの先が長いです。どうかこの機会にご決断ください」

「脱毛すれば、こんな良いことがありますよ」というポジティブフレーズ――。

「脱毛しなければ、こんな悪いことが起こりますよ」というネガティブフレーズ――。

もしあなたがお客様の立場だったら、どちらのクロージングに強い影響を受けますか？

おそらく、後者のネガティブフレーズのほうに、強い影響を受ける人が多いのではないでしょうか。あなたのお客様も同じです。

お客様は、不安や恐怖を感じると、危険回避の心理が発動します。**「恥をかくかもしれない」「かっこ悪い思いをするかもしれない」と思った途端に、そのリスクを回避しようとする**のです。お客様は、その危険を回避するために、あなたの商品を買うのです。

あなたが本当に目の前のお客様を救いたいと思うのであれば、お客様の嫌がることを言ってください。もちろん、お客様に対して嫌がることを言うのは「申し訳ない」「言いにくい」という気持ちはわかります。でも、あなたが「ネガティブフレーズを使わない」「使いたくない」というのであれば、まるで片方の足しか使わないサッカー選手と同じです。片方の腕しか使わないボクサーと同じなのです。

片方の武器しか使えない営業マンは、試合に勝てません。クロージングのバリエーションが広がらないからです。

ネガティブフレーズは、お客様の心を強烈にゆさぶります。お客様が平常心のときに、衝動買いは起こりません。**人は、心のバランスを崩したときに商品を買う**のです。

あなたもトップセールスマンを目指すのであれば、ポジティブクローズとネガティブクローズの両方を使える強い営業マンを目指してください。

ゆさぶりシート

否定誘導フレーズ：「ベネフィット」を「否定誘導フレーズ」に変更する

（記入例）

ベネフィット	➡ 逆ベネフィット
お腹まわりの肉が取れる	お腹まわりの肉が取れない
足が細くなる	足が細くならない
内臓脂肪が減る	内臓脂肪が減らない
二重あごが改善する	二重あごのまま
便秘が治る	便秘が治らない
リバウンドが来ない	リバウンドが来る
老化が防げる	老化が防げない

あなたの商品に当てはめて、記入してください。

ベネフィット	➡ 逆ベネフィット

技術
34

すり替え

お客様の「考えます」を否定する方法

「迷い」は恥ずかしい行為だと錯覚させる

何度も言ってきましたが、特にクロージングでの私たち営業マンの最大のテーマは、お客様の「考えます」を攻略することです。お客様の「考えます」をどのように攻略していけばいいのか。一言で言うと、**お客様の「考えます」を否定化する**こと――。否定化できるかどうかが、勝負のポイントになるわけです。

では、お客様に「考えます」と言わせないためには、どうすればいいでしょうか。

そのためには、前項で紹介した「否定誘導」という方法を使います。即決営業には、「肯定誘導」と「否定誘導」の両方の技術があると言いました。

これからお伝えする**「すり替え」も、「否定誘導」の技術**のひとつです。

「否定誘導」の具体的な方法は、お客様の嫌がることを言うことでした。お客様の喜ぶことではなく、嫌がることを言うわけです。そして、**「すり替え」の技術では、お客様の「考えます」を「迷っているだけ」、もしくは「曖昧にしているだけ」にすり替えてしまいます。**これが最も簡単な方法です。

私は今までいろいろな人に説明をしてきました。1000人以上の人に同じ説明をしてきました。その中で、今まで「考えます」と言ってきた人は、みなさん「考えたい」のではなく、実は「ただ迷っているだけ」「曖昧にしたいだけ」なのです。

この「迷っている」「曖昧にしている」というワードは、お客様からすると、とても嫌な言葉です。とても痛みになるわけです。なぜなら、**「迷っている」「曖昧にしている」ということは、優柔不断で決断できない人につながる**からです。

「お客様は『考えます』とおっしゃいますが、それは迷っているだけです」
「曖昧なことをされては困ります」
「お客様の優柔不断な態度は、男らしくないですね」

このように、「考えます」を「恥ずかしいこと」、すなわち「迷っている」「曖昧」「優柔不断」「男らしくない」といった言葉にすり替えることで、お客様は「考えます」と言わなくなります。人は「恥ずかしい」と思ったことをしなくなるからです。

輝かしい未来を失う痛みを与えると行動する

他にも、**「スタートしないことは、ご自身の未来を諦めてしまうことになります」**というフレーズを作ることもできます。**「スタートしないこと」を「未来を諦めること」にすり替える**わけです。私のクライアントに生命保険の方がいるのですが、彼女がよく使うフレーズがあります。

「生命保険に入らないことは、家族に対して無責任な行動になるんです」

これは、「生命保険に入らないこと」を「無責任な行動」にすり替えています。

私も、家庭教師派遣会社で、「決断しないこと」を「お子様の可能性を奪うこと」にすり替えるフレーズをよく使っています。

「決断しないこと、それはお子様の可能性を奪うことになるんです」

軍隊で必要なのは、「褒賞」と「懲罰」だと言われています。手柄を挙げたり、成果を出したりすると、褒賞がもらえる。逆に、ミスをしたり、ルール違反をしたりすると、懲罰が待っている。ルール違反を避けるために、ブレーキをかけているわけです。

会社も同じです。成果を上げると昇給する。給料やボーナスが上がり、昇進します。そして成果を出せなければ、ルール違反をすれば、降格したり減給されたりします。クビになることもあるかもしれません。会社でも暗黙のうちに「否定誘導」は成り立っています。

繰り返しになりますが、人は快楽を求めて、痛みを避ける動物です。つまり、人を行動させる方法は、実は2つだけ。**快楽を与えるか**――。もしくは、**痛みを与えるか**――。

「考えます」と言ってくるお客様は、本当に「考えたい」のではなく、実は「迷っている」だけですから、売ることに迷わないでください。**お客様の「考えます」を封じ込めて、お客様にスタートを切らせる**こと。それが、**私たち営業マンの使命**です。

すり替えシート

すり替えフレーズ：お客様の「断り文句」を、お客様の「恥ずかしいこと」にすり替える

（記入例）

断り文句 ➡	すり替え	理由
考えます	迷っているだけ	今までのお客様が「迷っている」だけだったから
他社を見てから	迷っているだけ	「他社を見てから」と言う人ほど「他社調査」をしない
今はまだいい	将来を諦めること	スタートしないと問題が解決しないから
社員に聞いてから	無責任なこと	経営者の仕事は決断することだから
決断できない	部下を見捨てること	会社が変わらないと、部下が路頭に迷う
楽観的観測	家族を裏切ること	もしものときに家族が困るから
優柔不断な態度	自己中心的な考え	自分自身の不安な気持ちを優先させているから
旦那に相談	お子様の将来を奪うこと	お子様がスタートできなくなるから

あなたのターゲットに当てはめて、記入してください。

断り文句 ➡	すり替え	理由

技術
35

第三者アタック

お客様の悩みを深刻化させる劇薬

誰もが他人の目を気にして生活している

みなさんは、まわりの人の目が気になりますか?

おそらく、気になる人もいるでしょうし、逆に気にならない人もいると思います。

ただ、**心理学的な観点から言うと、「まわりの人の目が気にならない」という人は、この世の中にはいない**ようです。私たち人間は、「社会的動物」と言われており、一般常識やモラルといった社会性の中で生きています。

そのため、まわりの人から「適当なやつだなぁ」「この人、常識がない人だなぁ」などと言われたり、思われたりしないように行動しています。また、そのようなことを「恥ずかしいこと」と思う習性を持っています。

例えば、遅刻もそうです。サラリーマンは、基本的に遅刻をしませんが、それはなぜでしょうか。

朝の8時ごろに、電車の駅に向かってダッシュしているスーツ姿のサラリーマンを見たことがあると思います。おそらく、この人たちは会社に遅刻したくないから、駅に向かって急いでいるのだと思います。

なぜ、この人たちは、必死になってまで、「遅刻したくない」と思うのでしょうか。

それは、恥ずかしいからです。基本的に、遅刻という行為は、社会性から外れる行為です。**「遅刻＝時間を守れない人＝社会人失格」ということを、まわりの人から言われたり、思われたりしたくない**からです。だからこそ、世の中のサラリーマンは、遅刻しそうになると、汗だくになりながらでも、駅までダッシュするのです。

ここで、ちょっと考えてほしいことがあります。

遅刻しそうになって駅までダッシュするサラリーマンですが、何かの事情で、その日は会社に誰も来ない日だったとしたら、この人は駅までダッシュするでしょうか？

会社に自分ひとりしか来ないし、タイムカードもない。こういったまわりの人が誰も見ていない状況だったとしたら、この人は駅まで走るでしょうか？

おそらくダッシュしないと思います。誰も見ていないわけですから。

結局、この人は、遅刻するのが恥ずかしいのではなく、まわりの人からどう思われるかを気にしているだけなのです。

否定は直接伝えるのではなく誘導する

人は、社会性から外れる行為を恥ずかしいと思うのではなく、「あなたのその行動は社会性から外れていますよ」と、まわりの人から言われたり、思われたりすることを恥ずかしいと感じるのです。

例えば、車の窓からゴミをポイ捨てしようとしていた人が、他の誰かが見ていたから、ポイ捨てをやめた。また、電信柱に向かって立ち小便をしようとしていた人が、他の誰かが見ていたから、その行為をしなかった。

このように、人は誰でも、自分以外の第三者から「あなたは間違っていますよ」と言われる行動に対してブレーキがかかるのです。

「ポイ捨て＝恥ずかしいこと」と同じように、**「考えます＝恥ずかしいこと」と置き換え**

ることで、お客様の行動にブレーキをかけることができます。

では、私たち営業マンは、お客様のどのような行動にブレーキをかけるべきでしょうか。

それは、**お客様の優柔不断な態度**です。

例えば、私が運営している家庭教師派遣会社の例で考えてみましょう。

最初は、なかなか勉強をしないお子様に対して「早く勉強をスタートしてほしい」「何とか勉強をやる気になってほしい」と言っていたお客様が、契約間際になって月謝と教材費の価格を聞いた途端に、「○○ちゃん、あなたちゃんとやっていけるの？」「決心できているの？」「お母さん、信用していいの？」と、態度を豹変させる人も多くいます。

また、生命保険の営業の場合でも、「私にとって、家族は命です」「家族は私の宝物です」と言っているお客様に限って、契約の土壇場になると「いや〜、ちょっと考えさせてください」「まだ今はいいかな」といった優柔不断な態度を取ります。

「え？　家族は宝物じゃないの？　どっちやねん！」とツッコミを入れたくなる場面もあると思います。

ただ、お客様の優柔不断な態度に対して、直接ツッコミを入れると、お客様を怒らせてしまいます。「なんで、あなたにそんなこと言われなきゃいけないの！」「あなたにそんなこと言われる筋合いはないんですけど！」と反発してきます。

このように直接的な否定は、反発しか生みません。ですから、**お客様に「否定誘導」をかけるときは、「第三者アタック」を使う**ようにしてください。

「第三者アタック」の技術を使えば、**お客様の反発を抑えながら、優柔不断な態度に対して攻撃を仕掛けることができます**。

例えば、お客様が契約間際になって優柔不断な態度を取ってきた場合、次のように「第三者アタック」を使います。

「なかなか決められないですよね。お気持ちはよくわかります。ただですね、これは○○様には当てはまらないとは思いますが、たくさん質問をしてくる人に限って、決断できない人って多いんですよ。先日、リッツ・カールトンのラウンジでお話しさせていただいたお客様もそうだったんですが、最初は『現状を変えたいんです』と言っていたにもかかわらず、契約の土壇場になると、『ひとつ質問してもいいですか？』『この場合はどうなるんですか？』と、めちゃめちゃ質問してくるんです。仮に私がその質問にすべてきっちりと答えたとしても、結局その人は買わないんです。こういう人は、実は質問したいのではなく、決断することが怖いだけなんです。勇気がない人は、結局スタートできません。スタートしないと、その人の問題は解決しません。決断された方は、みなさん『やってよかった』とおっしゃっています。みなさんが入会されている人気のコースですので、どうかこの機会にご決断ください」

このように「第三者アタック」を使えば、お客様の反発を抑えながら、お客様の矛盾点を攻撃することができます。

第三者アタック＋訴求

これが、「否定誘導」の最強の組み合わせです。**「第三者アタック」でお客様の行動にブレーキをかけて、お客様がひるんだ瞬間に「訴求」でたたみかける。**このリズムを体得してください。そうすれば、あなたの成約率は大幅に上がるはずです。

第三者アタックシート

第三者アタック：お客様のコンプレックスを第三者を使って攻撃する方法

（記入例）

お客様のコンプレックス	アタックフレーズ	第三者
優柔不断	決断することが怖いだけ	先日お話ししたお客様がそうだった
太っていること	デブは嫌い	居酒屋にいた大学生たちが言っていた
薄毛	ハゲはありえない	インターネットサイト「彼氏にしたくないタイプランキング」に書かれていた

あなたのターゲットに当てはめて、記入してください。

お客様のコンプレックス	アタックフレーズ	第三者

技術 36

補正

反論してもお客様を怒らせない技術

人間関係を修復する「最後のほめ言葉」とは

お客様との人間関係が崩れそうになったとき、これから紹介する**「補正」の技術**を使ってください。

お客様の「考えます」に対して「否定誘導」を使うと、お客様との人間関係が崩れる可能性が高くなります。**「否定誘導」を使うと、お客様に嫌われてしまう**のです。そもそも「否定誘導」とは、お客様に対する攻撃です。お客様の意見に対して、それを攻撃して、否定化していくことだからです。

人は誰でも、自分の意見を否定されると嫌なものです。その意見や主張がどれほど正しくても、どれだけ理にかなっていたとしても、なかなか受け入れることができずに否定してくる相手を嫌います。

とはいえ、お客様の意見に対して、何でも「はい、はい」と聞いていると、契約に至ることができません。お客様の「考えます」が通ってしまうからです。

そこで「否定誘導」を使って、お客様の「考えます」を封じ込めていく必要があります。

でも、お客様に嫌われてしまいます……。

では、どうすればいいのでしょうか。

「否定誘導」を使ったあとに、「補正」を付け加えるようにするのです。

否定誘導＋補正

お客様の意見を否定したあとは、お客様を肯定してあげる。

これが、「補正」の技術の基本です。

言い方を変えると、**お客様の意見を否定したあとは、お客様をほめる**――ということです。例えば、お客様が「考えます」と言ってきたら、この「考えます」をいったん「否定誘導」でつぶして、そのあとに「補正」をかけるのです。

「お客様の『考えます』は、基本的に『迷っているだけ』なんです。スタートしないと、何も始まりません。スタートするときに必要なのは、『考える』ことではなく、『決断』なんです。決めるときは、ちゃんと決めてください。いい男なんですから」

このように、最後に「いい男なんですから」と付け加えるのが、ポイントです。

お客様の「考えます」を否定したあとに、お客様をほめる――。これが、「否定誘導＋補正」の基本型になります。

ひとつ注意してほしいことがあります。

それは、いい男にしか「いい男」と言ってはダメ、ということ。お客様の見た目が良くない場合に、「ご決断ください。いい男なんですから」と言ったら、お客様は「はぁ、何を言っているんだ。口から出まかせ言うなよ」となってしまいます。

つまり、**お客様自身が認識している優位性をほめないと意味がない**のです。

例えば、女性の方だとしたら、**「決断してください。決めるときは、決めてください。**

女性はかわいいだけじゃダメですよ」と、見た目が良い人であれば、そこをほめてもかまいません。

もし経営者の方で、大きな会社を経営されているのならば、「**大きなビジネスをされている方なんですから」「業界の有名人なんですから**」とほめます。しっかりとした家庭を持っている方ならば、「**お子様もいらっしゃって、社会的な責任を果たされている方なんですから」**となります。

このように、その方が認識している優位性を探してほしいのです。

この**最後のほめ言葉が、私たち営業マンとお客様の関係性を修復してくれる**のです。

ですから、「否定誘導」を使ったあとは、必ず「補正」を付け足すという基本型を守るようにしてください。

織田信長と豊臣秀吉に学ぶ「最適な関係性」

また、「否定誘導」を使うときの注意点にも触れておきたいと思います。

それは、「敵意」です。

お客様に「敵意」を抱きながら「否定誘導」をかけることは、絶対にやめてください。

これをしてしまうと、契約が取れなくなってしまいます。

これは、売れる営業マンによくあることです。売れている営業マン、トップ営業マンの方は、特に注意してほしいと思います。

例えば、契約の土壇場で、お客様が優柔不断な態度を取ってきたり、「考えます」と言ってきたりしたとしましょう。その「考えます」に対して、お客様に腹を立ててしまう、「敵意」を覚えてしまう場合があります。

こうなると、状況は最悪です。なぜなら、**あなたの「敵意」に対して、お客様が共鳴してしまい、あなたに「敵意」を抱いてしまう**からです。当然ながら、契約は取れなくなります。

お客様の「考えます」に対して、「何を言っているんだ、この状況で」と腹を立てる気持ちはわかります。「こんな土壇場で言ってくるのか」「なんで優柔不断なのか」と、いろいろ思うところがあるでしょう。

思うだけならかまいません。ただし、表に出してはダメ。表に出すと、お客様も一緒に「反感」「敵意」といった感情をあなたに持つのです。

では、具体的にどう対処すればいいのでしょうか。

それは、「敵意」と逆の感情を出すようにすることです。

逆の感情とは、「敬意」です。**お客様に「敬意」を示しながら、その「考えます」をつぶしていく**のです。

私は、これを**「織田信長と豊臣秀吉の関係性」**と言っています。一言で言うと、織田信長の「考えます」を封じ込める豊臣秀吉――という関係性です。

これはとても難しい関係性ではありません。みなさんご存じのように、豊臣秀吉は織田信長の家臣です。この上下関係は、絶対的なものです。例えば、信長は秀吉のことを「サル」と呼んでいました。「サル、行くぞ！」「はい、ありがとうございます、信長様」という絶対的な関係性です。

ご主人様である信長の意見を覆す、すなわち「考えます」を否定したり反論したりするのは、かなり難しいことです。もし秀吉が「ここは引けない」という反論を言うならば、**100％の「敬意」を込めて、命がけで言う**しかありません。

そのときの秀吉の表情、そのときの秀吉の感情、そのときに示す秀吉の「敬意」をお客様に示す。そうすれば、お客様との人間関係は崩れることはありません。人間関係が崩れずに、「否定誘導」がかけられるのです。

私たち営業マンは、豊臣秀吉です。

そして、お客様は、織田信長なのです。

すると、次のようになります。

「信長様、あなたは天下の信長様ではございませぬか。『考えます』などなりませぬ。なぜ、そのような優柔不断な態度をお取りになりますか。物事ひとつ決められないあなた様ではないはずです。あなたは天下人の織田信長様ではござりませぬか」

このように、お客様に「否定誘導」をかけるときは、必ず「補正」を加えてください。

そして、「敬意」を払うように心がけます。

これは、とても重要なことですので、「否定誘導」のときは、常に「補正」と「敬意」を意識するようにしてください。それが、あなたの成約率を上げてくれます。

補正シート

補正フレーズ：否定誘導（ネガティブクローズ）の直前または直後に、お客様を肯定するフレーズを付け加える

（記入例）

補正フレーズ
もちろん○○様は当てはまらないかもしれません。ただ、今まで「スタート」できなかった人はみなさん、「決断」することができない人たちだったんです
○○様は社会的地位も高くて「決断力」のある人だと思っています
女性はかわいいだけじゃダメ

あなたのターゲットに当てはめて、記入してください。

補正フレーズ

技術
37

最後の切り札

交換条件付きで契約する最終手段

交換条件を提示して「お願い」を「交渉」に変える

この「最後の切り札」という技術は、その名の通り、万策尽きてどうしようもなくなったときに使う、最後の最後の手段です。

長年営業活動をしていると、なかなか契約してくれないお客様に当たる場合があります。「先回り」で前提条件をしっかりと伝えている。あらかじめ「論点固定」もできている。「否定誘導」もかけている。それなのに、お客様はなかなか落ちない。

これほどつらいことはありません。こういうどうしようもなくなった場合でも、**「最後の切り札」の技術を使うことで、お客様に最後の一手を打つことができます。**

どうしようもなくなったつらい状況に多いのが、「お願い営業マン」です。万策尽きると、ほとんどの営業マンは、してはいけないことをします。「何とかならないですかね？」「そこを何とかお願いします」など、一番ダメな「お願い」をしてしまうのです。

残念ながら、「お願い」では契約には至りません。なぜなら、お客様は「お願い」を聞き入れてくれないからです。

では、万策尽きた場合、どうすればいいでしょうか。

それは、「お願い」ではなく、「交渉」をすることです。**「もし今日契約してくれたら、○○します」という、契約に対しての交換条件を提示する**ことです。

交換条件を提示すれば、「お願い」が「交渉」に変わります。交換条件は、「サービス品進呈」「サービス期間延長」「オプション追加」「割引き」など。このような交換条件を提示すれば、お客様がすんなりと契約に応じてくれる場合があります。

ただし、交換条件付きの契約は、利益率が下がってしまいます。ですから、「最後の切り札」を使うのは、どうしても契約に持ち込めない状況の苦しいときだけにしてください。

この「最後の切り札」を使うときに、気をつけてほしいことがあります。

それは、**理由を付け足す**こと。**お客様は、交換条件の内容で落ちるのではなく、その理**

由によって落ちるからです。なぜ、そんなにおいしい条件を営業マンが提示できるのかという理由がないと、お客様は怪しいと思ってしまい、契約に落ちてくれないのです。

ですから、「最後の切り札」を使うときは、交換条件に付け加えて、その理由も準備しておくことがポイントになります。

私が20代のころ、家庭教師と学習教材のセット販売の会社で働いていました。その当時、家庭教師の月謝は1万5０００円くらいで、教材の値段は50万円から１２０万円くらいでした。その会社で、この「最後の切り札」をとてもうまく使う人がいました。その人は、こんなふうに使っていました。

「お客様の『今日契約できない』というご意向は、よくわかりました。ただ、私も仕事で来ていますので、ご契約いただきたいとは思っております。ですので、私もできる限りのことはさせていただきます。契約するかしないかを悩まれるご家庭は、『家族でちゃんと相談してから決めたい』『子供のやる気を確認したい』など、いろいろな理由で悩まれたりするのですが、結局、最終的に引っかかる問題は、教材の価格なんですよね。先ほども説明した通り、うちの教材の価格は、中1から中3の英数国理社の5教科セットだと１２

0万円、英数国の3教科だけだと88万円というお話をさせていただきましたよね。もし、お客様が今日契約していただけるとするならば、この英数国の88万円の価格で、理科と社会も無料でプレゼントします。ただ、この理科と社会の教材だけは、新品ではなく中古になります。というのも、私は毎年3月になると、メーカーから理科と社会の教材だけ、見本品として多めに仕入れて確保しているんです。この教材は、家庭教師の研修用として使ったりもしています。ですから今回、研修用の教材を新しい教材に入れ替えるという名目で、理科と社会の教材を確保して、その教材をお客様に無料で差し上げようと考えております。もちろん、この教材は中古ではありますが、使用している部分は指導シートだけで、問題シートの部分は書き込みもしておらず、使用もしていませんので、そのままお使いいただけます。ちなみに、理科と社会の教材を無料で差し上げられるのは、うちの会社で私だけです。お客様のように、『お子様の勉強はスタートさせたいけれど、教材の価格で引っかかってしまう』というご家庭が多かったので、私が直接社長と交渉して、許可を得ました。もし今日契約していただけたら、中学生の3年間、私がお客様の営業担当になります。私が3年間、魂を込めてサポートいたしますので、どうかこの機会にご決断ください」

ポイントは、「今契約してくれたら、理科と社会の教材を無料で差し上げます」ということに付け加えて、「なぜそのようなおいしい交換条件が提示できるのか？」という理由を具体的にお伝えしている点です。

「値引き額」ではなく「値引き理由」に心を動かされる

お客様は、内容ではなく、理由で落ちます。

つまり、**「値引き額」ではなく、「値引き理由」で落ちる**のです。

ですから、あなたが提示する「値引き」や「特典」に対して、お客様が納得できる理由を付けてください。その理由に納得すれば、お客様が契約する確率は高くなります。

紹介したセリフを１分で言うことはできませんが、理由を詳しく述べるときは、１分以上かかっても大丈夫です。それよりも、**具体的な理由を述べて、お客様が納得できることのほうが大切**です。

この「最後の切り札」の技術は、勧めている会社によって制約があったり、使えない会社もあると思います。ですから、無理にこの技術を使う必要はありません。

ただ、個人事業主や自営業の人は、この技術を準備しておくといいでしょう。会社に勤めている人でも、上司や社長に交渉してみてください。もし会社からOKが出れば、この技術はあなたの営業現場で強力な武器になるはずです。

あと、大事なことがひとつあります。この**「最後の切り札」の技術は、新人営業マンには教えない**でください。新人営業マンに教えると、お客様の「考えます」に対して、「最後の切り札」ばかり使ってしまうからです。そして最終的に、交換条件付きの契約しか取れない「弱い営業マン」になってしまう可能性が高くなります。

そもそも営業には、「一の手」、そして「二の手」があります。

「一の手」とは、相手の要求を一切通さずに、自分の要求だけを通す方法。

「二の手」とは、相手の要求も通しつつ、自分の要求も通す方法。

「二の手」を使えば、契約を取りやすくなる代わりに、私たち営業側の利益率は下がります。ですから、できる限り「一の手」で勝負することが大事です。

この「最後の切り札」は、残念ながら「二の手」です。

万策が尽きて、どうしようもなくなったときにだけ、この「最後の切り札」を使うようにしてください。最後の最後に使う技術です。

最後の切り札シート

最後の切り札：どうしても契約が取れそうにないときにだけ使うこと

（記入例）

なぜ切り札を使うのか？ という理由 ➡	切り札 ➡	なぜこの切り札が出せるのか？ という理由
自分も営業マンなので、「契約していただきたい」と思っています	契約してくれたら、10万円を現金でキャッシュバックします	○○様が契約してくれたら、私に歩合が20万円入るからです

あなたの商品に当てはめて、記入してください。

なぜ切り札を使うのか？ という理由 ➡	切り札 ➡	なぜこの切り札が出せるのか？ という理由

おわりに　ポジティブな行動が、自分とお客様を幸せにする

最後に、「ポジティブな未来は行動で作る」ことをお伝えしたいと思います。

思考ではなく、行動で未来を作る——のです。

今では一般的になりましたが、ポジティブに考えれば、ポジティブなことが起こるという考え方です。逆に、ネガティブに考えれば、ネガティブなことが起こります。

「ポジティブ思考」とか「ポジティブシンキング」と呼ばれているものです。

他にも、「引き寄せの法則」もあります。「ポジティブに考えると、ラッキーが起こる」「ラッキーは引き寄せるものだ」という考え方もあります。

また、ナポレオン・ヒルの『思考は現実化する』（きこ書房）という本がありますが、「あなたの思考が未来を作る」「あなたの思考が現実になる」という考え方です。

いろいろな考え方がある中で、私たち即決営業では**「行動で未来を作る」**ことをお伝えしています。

なぜ、この「行動で未来を作る」という考え方が大事なのでしょうか。

なぜなら、営業という仕事には、キャンセルが起こるからです。

営業の仕事で一番つらいのがキャンセルです。

キャンセルになると、自分の売上が一気にゼロになってしまいます。これは、本当につらいことなのです。

営業を長くしていると、誰でもキャンセルは起こります。ただ、キャンセルが起きたとき、注意すべきことがあります。

それは、**キャンセルが起きたとき、めげた感情、悲しい感情に留まってはいけない**ということです。

そのネガティブな感情に執着して、その場所にずっといると、行動が止まってしまいます。次の行動が取れなくなるのです。

それは、まるで好きな女性のことをずっと思い続けている少年のようなものです。

「あのお客様は、どうしてキャンセルしたんだろう?」「あのとき、ああすればよかったのかな?」など、どうしようもないタラレバを考え続けて、結局、営業職を辞めていった人を私は何人も見てきました。

そういう人たちに言いたいことがあります。

「次に行け!」

次のお客様を探しに行ってください。

そのキャンセルであなたが「マイナス1」を食らったのであれば、他から契約を取ってきてください。他から「プラス1」を取ってきて、「マイナス1」を補うのです。「マイナス1」は「プラス1」で補えるのです。

そもそも営業という仕事は、悲しいことの連続です。

約束していてもすっぽかされたり、「考えます」と曖昧な返事で逃げられたり、キャンセルも日常茶飯事です。

その**悲しい出来事に執着しないで、次に進む**――。

未来は行動で作るのです。

私も営業マン時代、1000万円の契約が一気にキャンセルになったことがあります。当時の私は、100万円くらいの高額教材を売っている営業マンでした。ある地域の校長先生が朝礼で、「最近、高額教材を売りに来る営業マンがいる。みんな買わないように」というふうに、私の個人名と会社名を出したのです。

その結果、その地域で取った契約がすべてキャンセルになりました。その校長先生は、私がどんな売り方をしているのかもよく知りません。

商品のことすら、よく知らなかったと思います。

ただ、生徒の保護者の方から「こういう高額教材を契約したんだ」という事実を聞かされて、勝手に悪徳商法だと勘違いしたのでしょう。

ちなみに、学校の朝礼で個人名を出してはいけないことになっています。威力業務妨害罪になります。

ただ、私はどこにも言えずに、会社から「諦めろ」と言われました。

私はものすごく悲しい気持ちになりました。

「このキャンセルは、誰が責任を取ってくれるのだろう」と思いました。

私が言いたいのは、この**マイナスは「ポジティブ思考」では解決できない**——ということです。

マイナスというものは、「ポジティブな行動」でしか埋めることができないのです。

私は次の日から、「クソー、やってやるぞ！」と悔しさをバネに、テレアポをしまくりました。

そして契約を取りまくりました。

ポジティブな行動で、マイナス分を埋めたのです。

世の中は、当たり前のことしか起こりません。

「ラッキーなことを考えているだけで、ラッキーなことが起こる」ということはありえないわけです。

例えば、「彼女が欲しいなぁ」と言いながら、家でゴロゴロしていても、彼女はできません。合コンに行ったり、友だちに「女性を紹介してくれ」と言うなど、実際に具体的に動く必要があります。

売上を上げたいのであれば、ひとりでも多くのお客様に会いに行くこと。具体的に行動を起こして、契約して売上を作る。こういう行動が大切なのです。

ウォルト・ディズニーは、次のように言っています。

「考えることを止めて、直ちに行動を開始せよ」

行動にしか価値がありません。

考えるだけで終わってしまったら、それは価値がないことになります。「思考は現実化する」のではなく、行動で現実化させてください。

あなたのポジティブな未来は、あなたのポジティブな行動で作られるのです。

ですから、本書を読むだけではポジティブな未来はやって来ません。明日から、いや今日から本書の技術を実践してみてください。

本書の技術を利用して、ポジティブに営業すれば、あなたにポジティブな未来が必ず訪れるはずです。そして、お客様の背中を押して、お客様の悩みを解決し、ポジティブな未来をお客様にも提供していただければ幸いです。

世の中にはお客様の「考えます」に悩まされている営業マンが、たくさんいらっしゃると思います。

株式会社即決営業では、ＬＩＮＥで悩める営業マンの質問にお答えしております。あなたも、日々の営業活動で悩んでいることがありましたら、こちらにあるＱＲコードより、ご登録いただき、ぜひ質問を送ってください（「1分で売るを読んで」と書いていただければ励みになります）。

私たちが、あなたの力になります。

また、ホームページ（http://sokketsueigo.com/）とYouTube（http://www.youtube.com/sokketsu）でも、営業活動に役立つ情報を掲載しておりますので、ぜひご覧ください。

みなさまのご成功を切に願っております。

2018年12月

堀口龍介

編　集　　　森 秀治
編集協力　　　芝原未来　中洲公志　前村 颯　森 裕也
装　丁　　　菊池 祐
本文デザイン　荒木香樹

【著者紹介】

堀口龍介（ほりぐち・りゅうすけ）

株式会社即決営業代表取締役。1976年大阪生まれ。訪問販売の最大手に入社し、その翌年にセールスマン1000人以上のなかで年間個人売り上げ1位の成績を収める。その後、訪問販売会社を渡り歩き、在籍した3つの会社すべてで年間個人売り上げ1位を記録。29歳で訪問販売会社を起業し、自身が実践してきた「即決」にこだわる営業手法を社員にそのまま実践させた結果、初年度から年商2億7000万円を売り上げる。以降、京都や東京に拠点を広げ、グループの売り上げが年商5億円を突破。39歳のときに、「売る力は誰もが人生を思い通りに切り拓くための最強のスキルになる」と考え、自身のオリジナル営業手法を世に広めることを決意。それまでは依頼があっても断っていた他社からの研修依頼を引き受けるほか、一般の方々に向けた講演会やセミナーを数多く開催。「1分で売るメソッド」を伝えるだけでなく、その場で体得するためのトレーニングも実施し、全国各地で好評を得ている。指導した人数は延べ3万人を超え、年収1000万円以上のトップセールスを数多く輩出、その再現性の高さがメディアなど各方面で話題となっている。

会社HP：http://sokketsueigyo.com/

1分《ぶん》で売《う》る

最小《さいしょう》の労力《ろうりょく》で成果《せいか》を最大化《さいだいか》させる「AI時代《じだい》の即決営業《そっけつえいぎょう》」

2019年1月18日　初版発行

著　者――堀口龍介

発行者――森山鉄好

発行所――冬至書房

〒150-0011　東京都渋谷区東一丁目27-7 渋谷東KMビル5階

電話 03-6805-0784　FAX 03-6805-0749

印刷・製本――新日本印刷

ISBN978-4-88582-250-6 C0030　Printed in Japan